# ARABIC GRAMMAR

الخطوات الأولى فى
القواعد العربية

بسم الله الرحمن الرحيم

المملكة العربية السعودية

وزارة التعليم العالي

**THE ARABIC LANGUAGE
INSTITUTE**

جامعة الملك سعود

معهد اللغة العربية

*Kingdom of Saudi Arabia*

*King Saud University*

Date 4 - 5 - 1986 : التاريخ   No. _____ : الرقم

<u>To whom it may concern</u>

I, the undersigned, Dr. Taïeb SOUISSI, certify that
I have supervised the book "First Steps in Arabic Grammar",
authored by Yasien Mohamed and Muhammed Haron. I am
pleased to recommend its publication without reservation because
of the simple and scientific method proposed by the authors.
What makes the book pedagogically valuable is the variety of
exercices, the step by step introduction of arabic grammatical
features and the carefully selected vocabulary.

Taïeb  Souissi (Ph.D.)

# First steps in
# ARABIC GRAMMAR

الخطوات الأولى فى
القواعد العربية

**Yasien Mohamed**
**Muhammed Haron**

**Shuter & Shooter**
PIETERMARITZBURG

Shuter & Shooter (Pty) Ltd
Gray's Inn, 230 Church Street
Pietermaritzburg, South Africa 3201

First edition 1989

ISBN 0 7960 0157 X

Printed by The Natal Witness
Printing and Publishing Company (Pty) Ltd
Pietermaritzburg

from material set and supplied by
JET TYPESETTERS
P.O. Box 456 Lenasia
South Africa 1820
7956L

# CONTENTS

# Introduction

## مُقَدِّمَة

Arabic is a Semitic language of international importance, not only as the spoken language in the Middle East and North Africa, but also as the religious language of a billion Muslims scattered throughout the world. The Holy Qur'an, being the Book of Divine Guidance for Muslims, was revealed in Arabic more than fourteen hundred years ago, therefore the religious significance of the language is obvious. Since its revelation the Qur'an has remained unchanged. The grammatical structure of the Arabic language which finds its source in the Qur'an has also remained intact. Arabic grammar must consequently be the classical grammar of the Qur'an.

There is a widespread need and demand for a new Arabic grammar textbook that can serve as a suitable classroom guide for beginners. Praiseworthy efforts have been made in Britain and America, but they have not fulfilled this need. Cowan's *Modern Literary Arabic,* for example, has been prescribed in our schools as a textbook for beginners, but it is felt to be unsatisfactory by both teachers and pupils. The main shortcoming of this book is that it provides no exercises. Pupils can therefore not be instructed to complete exercises in the classroom or at home. Instead, teachers have the cumbersome task of compiling their own exercises for each lesson.

Whilst Cowan's book may serve as a useful reference for Arabic grammar, experience has shown that it is rather unsuitable as a classroom textbook, nor did the author intend it to be used for that purpose (see preface to his book). The lack of a suitable textbook and the requests of school principals and teachers motivated us to embark upon the task of preparing this book for standards 6 and 7. Our textbook thus is primarily designed for the purpose of facilitating both the teaching and the learning of Arabic in the classroom.

I

The authors have assumed that the pupils are already able to recite the Holy Qur'an and can therefore identify the letters of the Arabic alphabet and their sounds. Our purpose is therefore to introduce the pupil to formal grammar.

Taking into account the syllabus and the limited number of periods available to the teacher **First Steps in Arabic Grammar** does not exhaustively deal with the basics of Arabic grammar. The authors, however, intend to convey the remainder of the grammatical principles in a series of books which will follow this one.

For the purpose of simplification and easy assimilation we have limited the grammar in this book to the singular pronouns and singular verbs, but we have introduced the dual and the plural of the noun. A foundation of the basics of the Arabic grammar may be completed only in standard 8. The authors ask the readers' forbearance for any shortcomings in this modest attempt and welcome any suggestions for future improvements to the text.

YASIEN MOHAMED
MUHAMMED HARON

DEPARTMENT OF ARABIC
UNIVERSITY OF WESTERN CAPE
CAPE TOWN
SOUTH AFRICA

NOVEMBER, 1987
RABIUL AWWAL, 1408.

# Note to the Teacher

مُذَكِّرَة لِلْمُعَلِّم

Although this textbook is designed to teach Arabic grammar, it should also serve as the basis for classical Arabic conversation. The oral drill method may be applied to supplement the grammatical rules that the teacher wishes to emphasise. Conversations are included in the appendix to serve as aids for oral work. The teacher should, as far as possible, use classroom expressions and instructions in Arabic to create an atmosphere conducive to the learning of the Arabic language. A list of useful oral expressions is included in the appendix for this purpose.

What makes this book pedagogically valuable is the variety of exercises, which are neither based purely on the translation-grammatical approach nor on the direct approach, but are to some extent an integration of both methods. The personal ability and orientation of the teacher will determine the approach.

Another special feature of this textbook is that it covers many of the basic principles of Arabic grammar in a style that is very simple and concise. The explanations are easy and they follow systematically. Great care has been taken in introducing new grammatical features in a gradual and step-by-step approach. An average of 10 new words are introduced in each new lesson and these words recur throughout the text. It is expected that if pupils have successfully worked through all the exercises they will have grasped the grammatical principles, assimilated more than 350 common words and will be able to use them in meaningful sentences.

An appendix of proverbs, sayings, conversations and poems introduces variety and liveliness to the learning process that has traditionally been confined to memorization of grammatical rules. The appendix is therefore not intended for grammatical analysis, but to stimulate enthusiasm for Arabic as a living language. In their experience the authors have found that poetry recitals, plays, speeches and other forms of active pupil participation do indeed enhance interest and enjoyment.

An English-Arabic vocabulary is provided to make easy reference to a word that may have been forgotten. The revision exercises are intended to be sufficiently comprehensive to be used for the purpose of consolidation, and can also serve as a guide when examination papers have to be set.

This book is designed as an aid for teachers and pupils. The teachers' imagination and creativity will play a vital part in making the lesson interesting, enjoyable and educational. We hope that this book will serve its intended purpose.

# Foreword

مُقَدِّمَة

I have had the pleasure and excitement of reading and revising the manuscript of this pleasant and long overdue work on Arabic grammar. From it I observe that the authors are making a bold attempt to bring out an ideal book for use in South African schools.

Since the introduction of Arabic in the secondary schools there has been a crying need for a suitable Arabic grammar book. Keeping this in view, the authors have embarked upon a noble and painstaking project to remedy this long felt need. As a result of this situation the authors have been impelled to produce this praiseworthy work in the interest of our high school students. I am sure, many teachers, too, will welcome this book.

The work is carefully graded and systematically arranged. It contains various aspects of Arabic grammar. It begins with the parts of speech such as nouns, adjectives, and conjunctions leading on to the verb and the various rules of grammar. It is hoped that the students will ultimately be able to acquire proficiency in the language. The vocabulary is carefully chosen and many valuable exercises are included to encourage student activity.

This book is the first of its kind to be produced in South Africa. The English-Arabic glossary is most welcome and will certainly prove to be invaluable. It allows for quick reference and the English-Arabic exercises can be tackled more easily.

I most heartily congratulate the authors in producing such a book. It has been a painstaking effort. I am sure it meets the needs of the high school student and should therefore be used as a standard textbook in the secondary schools in South Africa.

MAHMOUD DAWOOD

LECTURER:
DEPARTMENT OF ARABIC, URDU AND PERSIAN
UNIVERSITY OF DURBAN - WESTVILLE
DURBAN
SOUTH AFRICA

16th DECEMBER 1987

# Acknowledgement

كَلِمَةُ شُكْرٍ وَتَقْدِيرٍ

Firstly, we thank Allah for His bounties. Then, we also forward our thanks to our friends who encouraged us in the preparation of this textbook, especially our former teacher, Mr. Mahmoud Dawood, (Lecturer of the Department of Arabic, Urdu and Persian at the University of Durban - Westville), who has painstakingly gone through the text with a 'finecomb' and written the foreword; our colleague, Abdul Majied Mohamed for his critical comments and assistance; Mr Ganief Allie (former principal of Habibia Primary School) and his colleagues for their suggestions and encouragement in this undertaking and Professor Syed Habibul Haq Nadvi, Head of the Department of Arabic, Urdu and Persian at the University of Durban - Westville, who studied and approved this text.

We also extend our sincerest thanks to our students, with whom we were able to apply the text in its manuscript form, for their observations and their constructive contributions and to Mrs. Farieda Shedrick for typing the English. We are also indebted to our wives for their continuous encouragement and assistance.

Last but not least, we would like to thank Dr. Taieb Souissi (Assistant Professor of Applied Linguistics at King Saud University in Riyadh), who patiently has corrected, reviewed and supervised this work.

Finally we acknowledge that the errors which remain are, of course, due to our own oversight, knowing that there is no success except through Allah's Will.

The Authors.

# The Arabic Alphabet

## اَلْحُرُوْفُ الْهِجَائِيَّةُ الْعَرَبِيَّةُ

| Name | | Phonetic Symbol | Name | | Phonetic Symbol |
|---|---|---|---|---|---|
| dád | ض | ḍ | alif | ا | a |
| tá' | ط | ṭ | bá | ب | b |
| zá' | ظ | ẓ | tá | ت | t |
| 'ayn | ع | 'a | thá' | ث | th |
| ghayn | غ | gh | jím | ج | j |
| fá' | ف | f | há' | ح | ḥ |
| qáf | ق | q | khá' | خ | kh |
| káf | ك | k | dal | د | d |
| lám | ل | l | dhal | ذ | dh |
| mím | م | m | rá' | ر | r |
| nún | ن | n | zá | ز | z |
| waw | و | w | sín | س | s |
| há' | ه | h | shín | ش | sh |
| yá' | ى | y | sád | ص | s |

The Arabic alphabet consists of 28 consonantal letters. Some grammarians consider the hamza ء as a separate letter, which makes the number of letters 29. Three of the consonants, viz. yá' ى , waw و and alif ا are used as long vowels and diphthongs. Every consonant in vocalized Arabic text is provided with a vowel sign. There are three short vowels, namely "damma" ُ "fatha" َ and "kasra" ِ which are indicated by short strokes. When these vowels are doubled, eg., ٌ, damma-tayn; ً , fathatan; ٍ , kasratan, their tanwin indicates in-definiteness. Other signs such as the sukún ْ, and shadda ّ , are also found on the consonants.

# LESSON 1

## The Noun

### اَلْاِسْمُ

In Arabic there are only two genders:

(a) masculine مُذَكَّرٌ          (b) feminine: مُؤَنَّثٌ

In this lesson we shall only deal with the nouns that are masculine.

| مَعْنَاهَا | اَلْكَلِمَةُ |
|:---:|:---:|
| A boy | وَلَدٌ |
| A book | كِتَابٌ |

**Explanation:**

1.  In the block above both nouns are masculine. The first noun وَلَدٌ refers to a person and the second noun كِتَابٌ refers to a thing. Thus in Arabic the masculine noun can either refer to a person or to a non-person (an object or thing).
2.  Both nouns are indefinite. وَلَدٌ means "a boy" and not "the boy" and كِتَابٌ means "a book" and not "the book"; thus, they do not refer to a definite or specific noun.
3.  Their indefiniteness is indicated by the dammatayn ( ٌ ), that is the sign on the last letter of each word.

1

## Examples and New Vocabulary:

| (A) Non-persons (Things) | | (B) Persons | |
|---|---|---|---|
| A house | بَيْتٌ | A father | أَبٌ |
| A door | بَابٌ | A brother | أَخٌ |
| A wall | جِدَارٌ | A son | اِبْنٌ |
| A street | شَارِعٌ | A boy | وَلَدٌ |
| A lesson | دَرْسٌ | A man | رَجُلٌ |
| A book | كِتَابٌ | A teacher | مُعَلِّمٌ |
| A pen | قَلَمٌ | A pupil | تِلْمِيذٌ |
| A desk | مَكْتَبٌ | A servant | خَادِمٌ |

**Note:**

1. Group (A) refers to non-persons and group (B) refers to persons.

2. All the nouns above are masculine.

3. They are all indefinite as indicated by the dammatayn ( ٌ ).

## Exercise 1:

1. Give the Arabic meanings for the following nouns:

   a. A pupil

   b. A desk

   c. A book

   d. A boy

   e. A street

2. Give the English meanings of the following nouns:

(١) قَلَمٌ
(٢) مُعَلِّمٌ
(٣) بَابٌ
(٤) دَرْسٌ
(٥) رَجُلٌ

3. Make the following nouns indefinite by inserting the dammatayn:

(١) بَيْت
(٢) أَخ
(٣) جِدَار
(٤) أَب
(٥) اِبْن

4. Separate the nouns which refer to persons from those which refer to things:

(١) تِلْمِيذٌ
(٢) شَارِعٌ
(٣) مَكْتَبٌ
(٤) وَلَدٌ
(٥) خَادِمٌ

5. Answer the following questions:
   a. How many genders are there in Arabic?
   b. What are the Arabic terms for each gender?
   c. What indicates that the noun is indefinite?
   d. Does the masculine noun refer only to human beings?
   e. Give an example of a masculine noun that refers to an object.

# The Adjective

اَلصِّفَةُ

As in English, the adjective in Arabic also describes the noun. Depending on the noun, the adjective can be either masculine or feminine, definite or indefinite. Here are two adjectives that are masculine and indefinite:

| مَعْنَاهَا | اَلْكَلِمَةُ |
|:---:|:---:|
| Big | كَبِيرٌ |
| Small | صَغِيرٌ |

**Explanation:**
Both adjectives are indefinite as indicated by the dammatayn ( ٌ )

# The Adjectival Phrase: Masculine

اَلتَّعْبِيرُ النَّعْتِيُّ : مُذَكَّرٌ

The adjectival phrase consists of a noun and an adjective. The adjective, as in English, describes the noun.

| معناه | التعبير النعتى |
|:---:|:---:|
| A small boy | وَلَدٌ صَغِيرٌ |

**Explanation:**

1. The adjective صَغِيرٌ (small), tells us more about the noun وَلَدٌ (a boy).
2. The noun in Arabic always comes before the adjective. Thus وَلَدٌ is written first, then follows the adjective.
3. The adjective must always agree with the noun. When the noun is masculine and indefinite, then the adjective also has to be masculine and indefinite. When the noun takes a dammatayn ( ٌ ), then the adjective must also take a dammatayn ( ٌ ).
4. The term for a "noun" in Arabic is إِسْمٌ . However this term is not used when the noun is described by an adjective; the term مَوْصُوفٌ is used instead.

**Examples:**

| | |
|---|---|
| A beautiful house | بَيْتٌ جَمِيْلٌ |
| A long street | شَارِعٌ طَوِيلٌ |
| A new lesson | دَرْسٌ جَدِيدٌ |
| A small book | كِتَابٌ صَغِيرٌ |
| A short pen | قَلَمٌ قَصِيرٌ |
| A clever teacher | مُعَلِّمٌ ذَكِيٌّ |
| A happy man | رَجُلٌ سَعِيدٌ |
| A good student | طَالِبٌ طَيِّبٌ |

**New Vocabulary:**

| | | | |
|---|---|---|---|
| Beautiful | جَمِيلٌ | Ugly | قَبِيحٌ |
| Tall | طَوِيلٌ | Short | قَصِيرٌ |
| New | جَدِيدٌ | Old | قَدِيمٌ |
| Happy | سَعِيدٌ | Sad | حَزِينٌ |
| Good | طَيِّبٌ | Clever | ذَكِيٌّ |
| Wide | وَاسِعٌ | Narrow | ضَيِّقٌ |

**Exercise 2:**

1. (a) Give the Arabic for the following:
   a. Tall
   b. Small
   c. Clever
   d. Beautiful
   e. Sad

   (b) Give the English for the following:

   (١) كَبِيرٌ
   (٢) قَصِيرٌ
   (٣) سَعِيدٌ
   (٤) قَدِيمٌ
   (٥) جَمِيلٌ

2. Translate the following phrases into Arabic:

   a. A good man
   b. A happy student
   c. A sad boy
   d. A big pen
   e. A good book

3. Translate the following phrases into English:

(١) تِلْمِيذٌ ذَكِيٌّ

(٢) شَارِعٌ قَصِيرٌ

(٣) كِتَابٌ قَدِيمٌ

(٤) بَيْتٌ صَغِيرٌ

(٥) دَرْسٌ طَوِيلٌ

4. Choose suitable adjectives from those given in brackets:

(حَزِينٌ ، ذَكِيٌّ ، جَمِيلٌ ، طَوِيلٌ ، قَدِيمٌ)

(١) أَبٌ ..............................................

(٢) مُعَلِّمٌ ..............................................

(٣) شَارِعٌ ..............................................

(٤) وَلَدٌ ..............................................

(٥) قَلَمٌ ..............................................

5. State whether the following statements are true or false. If any of them are false, give the correct answer:
   a. In Arabic the adjective comes before the noun.
   b. The noun must be definite and the adjective indefinite in order to construct an indefinite adjectival phrase.
   c. The Arabic term for the noun described is " مَوْصُوْفٌ ."
   d. The Arabic term for adjective is " اِسْمٌ "
   e. The meaning of the word " تِلْمِيذٌ " is man.

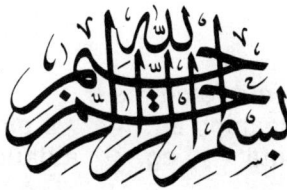

بسم الله الرحمن الرحيم

# The Feminine Noun

## اَلْاسْـمُ اَلْمُؤَنَّثُ

The feminine noun in Arabic, like the masculine, can refer either to a person or to a non-person.

| مَعْنَاهَا | اَلْكَلِمَةُ |
|---|---|
| A teacher | مُعَلِّمَةٌ |
| A school | مَدْرَسَةٌ |

**Explanation:**
The first noun, مُعَلِّمَةٌ (a teacher) refers to a person, and the second noun, مَدْرَسَةٌ (a school), refers to a non-person. Both nouns are feminine and indefinite.

**Note:**
A noun can be considered feminine if:
1. it is feminine by meaning eg. بِنْتٌ a girl.
2. it takes a 'ta'marbuta' ( ة ) eg. اِبْنَةٌ a daughter.

## Examples and New Vocabulary

| | | | |
|---|---|---|---|
| A mother | أُمٌّ | A chalkboard | سَبُّورَةٌ |
| A sister | أُخْتٌ | A window | نَافِذَةٌ |
| A student | طَالِبَةٌ | A car | سَيَّارَةٌ |
| A headmistress | مُدِيرَةٌ | A daughter | إِبْنَةٌ |
| A library | مَكْتَبَةٌ | A table | مِنْضَدَةٌ |
| A rubber | مِمْسَحَةٌ | A ruler | مِسْطَرَةٌ |

## Exercise 3:

1. Give the Arabic for the following nouns:
   - a. A student
   - b. A sister
   - c. A mother
   - d. A library
   - e. A ruler

2. Give the English for the following nouns:

   (١) مِمْسَحَةٌ

   (٢) مَدْرَسَةٌ

   (٣) سَبُّورَةٌ

   (٤) تِلْمِيذَةٌ

   (٥) مُدِيرَةٌ

3. Give the feminine gender of the following nouns:

   (١) أَبٌ

   (٢) مُدِيرٌ

   (٣) وَلَدٌ

   (٤) اِبْنٌ

   (٥) طَالِبٌ

4. Vocalize the following:

(١) منضدة
(٢) معلمة
(٣) نافذة
(٤) ابنة
(٥) مكتبة

5. Answer the following:
   a. Mention two ways in which a noun can be considered feminine.
   b. Give an Arabic example of a feminine noun by meaning.
   c. Give an example of a feminine noun that ends with a ta'marbúta.
   d. Give the Arabic term for the 'feminine noun.'
   e. Give the Arabic term for the noun qualified by an adjective.

LESSON 4 الدرس ٤

# The Adjectival Phrase: Feminine

## اَلتَّعْبِيرُ النَعْتِيُّ : مُؤَنَّثٌ

As in the masculine adjectival phrase, the noun comes before the adjective which must agree in gender. If the noun is feminine, then the adjective must also be feminine, and if the noun is masculine, then the adjective must also be masculine.

| مُؤَنَّثٌ | مُذَكَّرٌ |
|---|---|
| تِلْمِيذَةٌ ذَكِيَّةٌ<br>1. A clever pupil | رَجُلٌ ذَكِيٌّ<br>2. A clever man |
| غُرْفَةٌ وَاسِعَةٌ<br>3. A wide room | شَارِعٌ ضَيِّقٌ<br>4. A narrow street |

**Explanation:**

1. In the above examples, notice that each adjectival phrase is grouped either in the masculine or in the feminine gender.
2. Example 1 shows that the noun تِلْمِيذٌ (a pupil) is feminine and the adjective ذَكِيَّةٌ (clever) which describes it, is also feminine.
3. In example 2 the noun رَجُلٌ is masculine, so the adjective ذَكِيٌّ is also masculine.
4. In examples 1 and 3, the nouns end with a tá'marbúta, therefore the adjectives also end with a tá'marbúta.
5. Note that examples 1 and 3 are feminine adjectival phrases and that examples 2 and 4 are masculine adjectival phrases.

**Examples:**

| | |
|---|---|
| An excellent pupil | تِلْمِيذَةٌ مُمْتَازَةٌ |
| A friendly daughter | اِبْنَةٌ أَنِيسَةٌ |
| An active mother | أُمٌّ نَشِيطَةٌ |
| A polite sister | أُخْتٌ مُهَذَّبَةٌ |
| A clean window | نَافِذَةٌ نَظِيفَةٌ |
| A useful map | خَرِيطَةٌ مُفِيدَةٌ |
| A big city | مَدِينَةٌ كَبِيرَةٌ |
| A small village | قَرْيَةٌ صَغِيرَةٌ |

**New Vocabulary:**

| A window | نَافِذَةٌ | Excellent | مُمْتَازٌ |
|---|---|---|---|
| A city | مَدِينَةٌ | Friendly | أَنِيسَةٌ |
| Industrious | مُجْتَهِدٌ | Active | نَشِيطٌ |
| Polite | مُهَذَّبٌ | Clean | نَظِيفٌ |
| Useful | مُفِيدٌ | A room | غُرْفَةٌ |

## Exercise 4:

1. Translate the following phrases into Arabic:
   a. A useful pen
   b. A friendly teacher
   c. A polite pupil
   d. A long lesson
   e. An old city

2. Translate the following phrases into English:

   (١) مَدِينَةٌ نَظِيفَةٌ

   (٢) نَافِذَةٌ وَاسِعَةٌ

   (٣) شَارِعٌ ضَيِّقٌ

   (٤) بِنْتٌ مُهَذَّبَةٌ

   (٥) دَرْسٌ مُفِيدٌ

3. Convert the following phrases in the feminine gender:

   (١) وَلَدٌ طَوِيلٌ

   (٢) اِبْنٌ مُجْتَهِدٌ

   (٣) أَبٌ طَيِّبٌ

   (٤) أَخٌ أَنِيسٌ

   (٥) مُعَلِّمٌ مُمْتَازٌ

4. Choose suitable adjectives from those given in brackets:

   (مُفِيلَةٌ ، مُمْتَازٌ ، مُهَذَّبَةٌ ، قَدِيمَةٌ ، صَغِيرٌ)

   (١) تِلْمِيذٌ ..........................

   (٢) أُخْتٌ ..........................

   (٣) غُرْفَةٌ ..........................

   (٤) مِسْطَرَةٌ ..........................

   (٥) كِتَابٌ ..........................

5. Vocalize:

   (١) خادم مجتهد

   (٢) ام نظيفة

   (٣) بنت حزينة

   (٤) بيت قديم

   (٥) جدار قبيح

13

# The Demonstrative Pronoun: This

## اِسْمُ الْاشَارَةِ

The demonstrative pronouns like: "this", "that", "these", "those" refer to nouns. In this lesson we will confine ourselves to the use of " هٰذَا " and " هٰذِهِ " which mean "this".

| مُؤَنَّثٌ | مُذَكَّرٌ |
|---|---|
| هٰذِهِ بِنْتٌ<br><br>This is a girl. | هٰذَا وَلَدٌ<br><br>This is a boy. |

**Explanation:**
1. In the first example, وَلَدٌ refers to the masculine noun.
2. The second example, بِنْتٌ refers to the feminine noun.
3. The demonstrative pronouns not only refer to persons, but also to things, like كِتَابٌ (a book) or قَلَمٌ (a pen).
4. Both examples above are sentences.
5. Note that the nouns which follow the demonstrative pronoun are indefinite, as indicated by the dammatayn ( ٌ ).

**Examples:**

1. The use of هٰذَا

   a. This is a classroom. هٰذَا فَصْلٌ

b. This is a note book. هٰذَا دَفْتَرٌ

c. This is a book. هٰذَا كِتَابٌ

d. This is a pen. هٰذَا قَلَمٌ

e. This is a desk. هٰذَا مَكْتَبٌ

2. The use of هٰذِهِ

a. This is a daughter. هٰذِهِ اِبْنَةٌ

b. This is a sister. هٰذِهِ أُخْتٌ

c. This is a map. هٰذِهِ خَرِيطَةٌ

d. This is a library. هٰذِهِ مَكْتَبَةٌ

e. This is a chalkboard. هٰذِهِ سَبُّوْرَةٌ

3. The noun can also take an adjective which agrees with the demonstrative pronoun in gender, as shown in the examples below:

a. This is a useful lesson. هٰذَا دَرْسٌ مُفِيدٌ

b. This is a big university. هٰذِهِ جَامِعَةٌ كَبِيرَةٌ

c. This is a beautiful car. هٰذِهِ سَيَّارَةٌ جَمِيلَةٌ

d. This is a new watch. هٰذِهِ سَاعَةٌ جَدِيدَةٌ

e. This is a tall pupil. هٰذَا تِلْمِيذٌ طَوِيلٌ

**Note:**

1. The adjective that follows a masculine noun and the demonstrative pronoun does not take the tá'marbúta and is, therefore, masculine.

2. The adjectives, in three of the last five examples above, follow the feminine gender and, therefore, take the tá'marbúta.

**New Vocabulary:**

| | | | |
|---|---|---|---|
| A map | خَرِيطَةٌ | A bag | حَقِيبَةٌ |
| A note book | دَفْتَرٌ | A bicycle | دَرَّاجَةٌ |
| A watch | سَاعَةٌ | A classroom | فَصْلٌ |
| A university | جَامِعَةٌ | A bus | حَافِلَةٌ |
| A gift | هَدِيَّةٌ | Humble | مُتَوَاضِعٌ |

**Exercise 5:**

1. Translate the following sentences into Arabic:
   a. This is a clean chalkboard
   b. This is a school.
   c. This is a desk.
   d. This is a tall boy.
   e. This is a useful note book.

2. Translate the following sentences into English:

(١) هٰذَا رَجُلٌ نَشِيطٌ

(٢) هٰذِهِ مِمْسَحَةٌ جَدِيدَةٌ

(٣) هٰذِهِ غُرْفَةٌ ضَيِّقَةٌ

(٤) هٰذَا فَصْلٌ

(٥) هٰذِهِ سَبُّورَةٌ كَبِيرَةٌ

3. Complete the following sentences by adding suitable adjectives:

(١) هٰذِهِ مِنْضَدَةٌ ..................................

(٢) هٰذَا مُعَلِّمٌ ..................................

(٣) هٰذَا دَفْتَرٌ ..................................

(٤) هٰذِهِ خَرِيطَةٌ ..................................

(٥) هٰذِهِ حَقِيبَةٌ ..................................

4. Form sentences by using the correct demonstrative pronouns with the following nouns:

(١) دَرَّاجَةٌ

(٢) دَرْسٌ

(٣) مَدِينَةٌ

(٤) جَامِعَةٌ

(٥) أُسْتَاذٌ

5. Choose the correct word in brackets:

(١) هٰذَا بَيْتٌ (جَمِيلٌ / جَمِيلَةٌ)

(٢) هٰذِهِ طَالِبَةٌ (مُجْتَهِدَةٌ / مُجْتَهِدٌ)

(٣) (هٰذَا / هٰذِهِ) تِلْمِيذٌ مُتَوَاضِعٌ

(٤) هٰذَا (أَخٌ / أُخْتٌ) نَشِيطٌ

(٥) هٰذِهِ (بِنْتٌ / وَلَدٌ)

# The Demonstrative Pronoun: That

## اِسْمُ الْاشَارَةِ

In this lesson we will study the use of تِلْكَ and ذٰلِكَ which means "that".

| مُؤَنَّثٌ | مُذَكَّرٌ |
|---|---|
| تِلْكَ مُمَرِّضَةٌ<br>That is a nurse. | ذٰلِكَ طَبِيبٌ<br>That is a doctor. |

**Explanation:**

1. In the first example ذٰلِكَ is used to refer to a masculine noun.
2. In the second example تِلْكَ is used to refer to a feminine noun.
3. The demonstrative pronouns refer not only to persons, but also to objects like فَصْلٌ (a classroom) or طَائِرَةٌ (an aeroplane).
4. Both examples above are complete sentences.
5. Note that the nouns which follow the demonstrative pronouns are indefinite, as indicated by the **dammatayn**.

**Examples:**

1. The use of ذٰلِكَ

   a. That is a book. ذٰلِكَ كِتَابٌ

   b. That is a pupil. ذٰلِكَ تِلْمِيذٌ

c. That is a useful lesson. ذٰلِكَ دَرْسٌ مُفِيدٌ

d. That is a famous book. ذٰلِكَ كِتَابٌ مَشْهُوْرٌ

e. That is a noble merchant. ذٰلِكَ تَاجِرٌ كَرِيمٌ

2. The use of تِلْكَ

a. That is a ship. تِلْكَ سَفِينَةٌ

b. That is a cook. تِلْكَ طَبَّاخَةٌ

c. That is a new bag. تِلْكَ حَقِيبَةٌ جَدِيدَةٌ

d. That is an obedient servant. تِلْكَ خَادِمَةٌ مُطِيعَةٌ

e. That is a big aeroplane. تِلْكَ طَائِرَةٌ كَبِيرَةٌ

**New Vocabulary:**

| | | | |
|---|---|---|---|
| A merchant | تَاجِرٌ | A ship | سَفِينَةٌ |
| A male nurse | مُمَرِّضٌ | An aeroplane | طَائِرَةٌ |
| A doctor | طَبِيبٌ | Noble | كَرِيمٌ |
| A writer | كَاتِبٌ | Obedient | مُطِيعٌ |
| A cook | طَبَّاخٌ | Famous | مَشْهُورٌ |

**Exercise 6:**

1. Translate the following into Arabic:
   a. That is a famous university.
   b. That is a teacher (f).
   c. That is a ruler.
   d. That is a tall boy.
   e. That is a beautiful ship.

2. Translate into English:

(١) تِلْكَ بِنْتٌ كَرِيمَةٌ      (٤) تِلْكَ طَبَّاخَةٌ مَشْهُورَةٌ

(٢) ذٰلِكَ دَفْتَرٌ كَبِيرٌ      (٥) ذٰلِكَ وَلَدٌ نَظِيفٌ

(٣) تِلْكَ مَدْرَسَةٌ

3. Complete the following sentences by adding suitable adjectives.

(١) ذٰلِكَ طَالِبٌ ....................      (٤) تِلْكَ دَرَّاجَةٌ ....................

(٢) هٰذِهِ حَقِيبَةٌ ....................      (٥) هٰذَا أُسْتَاذٌ ....................

(٣) ذٰلِكَ بَابٌ ....................

4. Form sentences by using the correct demonstrative pronouns with the following nouns:

(١) سَاعَةٌ      (٤) سَفِينَةٌ

(٢) مَكْتَبٌ      (٥) تَاجِرٌ

(٣) مَدِينَةٌ

5. Choose the correct word in brackets:

(١) هٰذِهِ جَامِعَةٌ (كَبِيرٌ / صَغِيرَةٌ)

(٢) تِلْكَ خَرِيطَةٌ (جَمِيلَةٌ / قَبِيحٌ)

(٣) (ذٰلِكَ / تِلْكَ) مُعَلِّمَةٌ مُتَوَاضِعَةٌ

(٤) (هٰذَا / هٰذِهِ) سَبُّورَةٌ نَظِيفَةٌ

(٥) هٰذَا رَجُلٌ (طَوِيلَةٌ / قَصِيرٌ)

20

## The Detached Pronouns: He and She

## اَلضَّمَائِرُ الْمُنْفَصِلَةُ

In this lesson we will only learn the two singular personal pronouns " هُوَ " and " هِيَ ".

| مُؤَنَّثٌ | مُذَكَّرٌ |
|---|---|
| هِيَ طَالِبَةٌ<br>She is a student. | هُوَ طَالِبٌ<br>He is a student. |

**Explanation:**

1. The masculine pronoun " هُوَ " means "he". As is noted in the above example, " هُوَ " refers to persons only.
2. The feminine personal pronoun " هِيَ " means "she". As is noted in the above example. " هِيَ " refers to persons only.
3. Note that there is no neuter gender in Arabic and therefore non-person elements must be either masculine or feminine.

**Examples:**

1. The use of هُوَ

    a. He is a son. هُوَ اِبْنٌ

    b. He is a doctor. هُوَ طَبِيبٌ

2. The use of هِيَ

a. She is a doctor. هِيَ طَبِيبَةٌ

b. She is a servant. هِيَ خَادِمَةٌ

**Note:**

1. There is no word for "is" in Arabic.
2. These independent personal pronouns can also be used with adjectives.

**Examples:**

| مُؤَنَّثٌ | مُذَكَّرٌ |
|---|---|
| هِيَ قَصِيرَةٌ<br>She is short. | هُوَ طَوِيلٌ<br>He is tall. |

**Explanation:**

1. In the first example, the personal pronoun هُوَ (he) is masculine and the adjective طَوِيلٌ (tall) is also masculine.
2. In the second example, the adjective قَصِيرٌ (short) is feminine (as indicated by the tá'marbúta) because it must agree with هِيَ (she) which is feminine.
3. Note that the adjectives in both examples are indefinite.

**Examples:**

1. The use of هُوَ

a. He is sad. هُوَ حَزِينٌ

b. He is a merchant. هُوَ تَاجِرٌ

c. He is small. هُوَ صَغِيرٌ

2. The use of هِيَ

a. She is humble. — هِيَ مُتَوَاضِعَةٌ

b. She is happy. — هِيَ سَعِيدَةٌ

c. She is rich. — هِيَ غَنِيَّةٌ

**New Vocabulary:**

| | | | |
|---|---|---|---|
| Broken | مَكْسُورٌ | An engineer | مُهَنْدِسٌ |
| A clinic/surgery | عِيَادَةٌ | A worker | عَامِلٌ |
| Hardworking | مُجْتَهِدٌ | A mosque | مَسْجِدٌ |
| A teacher | مُدَرِّسٌ | Sincere | مُخْلِصٌ |
| A leader | زَعِيمٌ | An author | مُؤَلِّفٌ |

**Exercise 7:**

1. Translate the following into Arabic:
   a. It is a car.
   b. She is a good nurse.
   c. He is a sincere man.
   d. This is a big room.
   e. That is a chalkboard.
   f. She is clever.
   g. He is hardworking.
   h. She is an engineer.
   i. That is a big library.
   j. This is broken.

2. Translate the following into English:

(١) هُوَ عَامِلٌ

(٢) هَذَا دَرْسٌ جَدِيْدٌ

(٦) هِيَ حَزِينَةٌ

(٧) هِيَ مُهَنْدِسَةٌ نَشِيطَةٌ

(٣) هُوَ ذَكِيٌّ

(٤) ذَلِكَ مَسْجِدٌ

(٥) هُوَ نَظِيفٌ

(٨) هِيَ مُسْلِمَةٌ

(٩) هِيَ طَالِبَةٌ مُجْتَهِدَةٌ

(١٠) هِيَ مُدَرِّسَةٌ مُخْلِصَةٌ

3. Choose the correct word in brackets:

(١) هُوَ (تِلْمِيذَةٌ / وَلَدٌ)

(٢) تِلْكَ (مِسْطَرَةٌ / كِتَابٌ)

(٣) (هَذِهِ / هِيَ) غُرْفَةٌ

(٤) ذٰلِكَ (مُمَرِّضٌ / مُمَرِّضَةٌ)

(٥) هِيَ (بِنْتٌ / رَجُلٌ) سَعِيدَةٌ

(٦) هٰذِهِ (مِنْضَدَةٌ / قَلَمٌ)

(٧) (هُوَ / هِيَ) ذَكِيٌّ

(٨) هٰذَا (عَامِلٌ / أُسْتَاذَةٌ)

(٩) هِيَ (مُهَنْدِسَةٌ / ذَكِيٌّ)

(١٠) تِلْكَ حَقِيبَةٌ (مَكْسُورٌ /مَكْسُورَةٌ)

4. Complete the following with an appropriate word:

(١) وَلَدٌ..........................

(٢) جَدِيدَةٌ ..........................

(٣) جَامِعَةٌ ..........................

(٤) هٰذِهِ طَائِرَةٌ ..........................

(٥) هِيَ مُدِيرَةٌ ..........................

(٦) .......................... عِيَادَةٌ نَظِيفَةٌ

(٧) .......................... بَيْتٌ قَدِيمٌ

(٨) هٰذَا ..........................

(٩) ذٰلِكَ .......................... مُهَذَّبٌ

(١٠) هُوَ .......................... مُخْلِصٌ

5. Vocalize the following sentences:

(١) هو طبيب

(٢) تلك حقيبة

(٣) هذه منضدة طويلة

(٤) هذا ولد ذكيّ

(٥) هي نظيفة

(٦) هي ممرضة أنيسة

(٧) هو زعيم

(٨) تلك خادمة مجتهدة

(٩) ذلك شارع واسع

(١٠) هذا مكتب

# LESSON 8 الدرس ٨

## The Detached Pronouns: I and You (m and f)

## اَلضَّمَائِرُ الْمُنْفَصِلَةُ

A:

| مَعْنَاهَا | اَلْجُمْلَةُ |
|---|---|
| أَنْتِ مُدَرِّسَةٌ<br>You are a teacher (f). | أَنْتَ مُدَرِّسٌ<br>You are a teacher (m). |

**Explanation:**

1. In the first example, the independent personal pronoun أَنْتَ (you) is used to refer to a masculine noun, eg. مُدَرِّسٌ ( a teacher).
2. In the second example, أَنْتِ (you) is used to refer to a feminine noun, eg. مُدَرِّسَةٌ (a teacher).
3. Note that the two pronouns أَنْتَ and أَنْتِ refer to persons and not to things.

**Examples:**

1. The use of أَنْتَ

   a. You are an engineer. أَنْتَ مُهَنْدِسٌ

   b. You are a director. أَنْتَ مُدِيرٌ

   c. You are a nurse. أَنْتَ مُمَرِّضٌ

   d. You are a poet. أَنْتَ شَاعِرٌ

   e. You are pleasant. أَنْتَ لَطِيفٌ

2. The use of أَنْتِ

a. You are an engineer. أَنْتِ مُهَنْدِسَةٌ

b. You are generous. أَنْتِ كَرِيمَةٌ

c. You are obedient. أَنْتِ مُطِيعَةٌ

d. You are sincere. أَنْتِ مُخْلِصَةٌ

e. You are happy. أَنْتِ سَعِيدَةٌ

B:

| اَلْجُمْلَةُ | مَعْنَاهَا |
|---|---|
| أَنَا مُمَرِّضٌ | I am a nurse (m). |
| أَنَا مُمَرِّضَةٌ | I am a nurse (f). |

**Explanation:**

1. The independent personal pronoun أَنَا can refer to masculine or feminine nouns.
2, In the first example أَنَا is masculine because it refers to مُمَرِّضٌ which is a masculine noun.
3. In the second example أَنَا is feminine because it refers to مُمَرِّضَةٌ which is a feminine noun.

**Examples:**

I am a journalist. أَنَا صَحَفِيٌّ

I am sincere. أَنَا مُخْلِصٌ

I am obedient. أَنَا مُطِيعَةٌ

I am a doctor. أَنَا طَبِيبَةٌ

I am a writer. أَنَا كَاتِبَةٌ

**Note:**

| مُؤَنَّثٌ | | مُذَكَّرٌ | |
|---|---|---|---|
| I | أَنَا | I | أَنَا |
| You | أَنْتِ | You | أَنْتَ |
| She | هِيَ | He | هُوَ |

**New Vocabulary:**

| | | | |
|---|---|---|---|
| A child | طِفْلٌ | A lecturer | مُحَاضِرٌ |
| A poet | شَاعِرٌ | Pleasant | لَطِيفٌ |
| A journalist | صَحَفِيٌّ | A baker | خَبَّازٌ |
| A Muslim | مُسْلِمٌ | A woman | اِمْرَأَةٌ |
| An answer | جَوَابٌ | A page | صَفْحَةٌ |

## Exercise 8:

1. Translate the following into Arabic:
   a. He is humble.
   b. You are hardworking (f).
   c. She is a baker.
   d. You are a merchant (m).
   e. I am an engineer.
   f. I am obedient (m).
   g. He is a famous poet.
   h. You are excellent (f).
   i. You are beautiful (m).
   j. She is pleasant.

2. Translate the following into English:

(١) هُوَ مُمْتَازٌ
(٢) أَنَا تَاجِرٌ
(٣) أَنَا مُسْلِمٌ مُطِيعٌ
(٤) أَنْتِ مُحَاضِرَةٌ مُتَوَاضِعَةٌ
(٥) هُوَ وَلَدٌ كَرِيمٌ
(٦) أَنْتِ مُمَرِّضَةٌ مُتَوَاضِعَةٌ
(٧) هِيَ مُخْلِصَةٌ
(٨) أَنْتَ صَحَفِيٌّ طَيِّبٌ
(٩) هِيَ اِمْرَأَةٌ جَمِيلَةٌ
(١٠) أَنْتَ أَبٌ مُجْتَهِدٌ

3. Choose the correct word in brackets:

(١) أَنَا (كَاتِبٌ / كِتَابٌ)
(٢) هُوَ (جَمِيلَةٌ/قَصِيرٌ)
(٣) أَنْتِ (مَدْرَسَةٌ /مُدَرِّسَةٌ)
(٤) هِيَ (حَزِينٌ /مُمْتَازَةٌ)
(٥) (هٰذَا /هٰذِهِ) شَاعِرٌ مَشْهُورٌ
(٦) هُوَ (جَامِعَةٌ /مَسْجِدٌ)
(٧) أَنْتِ (سَعِيدٌ /حَزِينَةٌ)
(٨) أَنَا (مَكْتَبَةٌ /مُجْتَهِدَةٌ)
(٩) (أَنْتِ /أَنْتَ) ذَكِيٌّ
(١٠) (هُوَ /أَنَا) خَبَّازَةٌ

4. Correct the following sentences:

(١) هُوَ صَحَفِيَّةٌ
(٢) أَنْتَ مِسْطَرَةٌ
(٣) هِيَ اِمْرَأَةٌ مُتَوَاضِعٌ
(٤) هٰذِهِ طَالِبٌ مُخْلِصَةٌ
(٥) أَنَا كِتَابٌ
(٦) أَنْتِ عَامِلٌ
(٧) أَنَا جَامِعَةٌ
(٨) ذٰلِكَ بِنْتٌ
(٩) أَنْتَ مُعَلِّمَةٌ
(١٠) هِيَ مَكْتَبٌ

5. Make simple sentences with the following adjectives:

(١) قَدِيمَةٌ
(٢) مَكْسُوْرَةٌ
(٣) لَطِيفٌ
(٤) نَظِيفٌ
(٥) أَنِيسَةٌ
(٦) مُطِيعٌ
(٧) وَاسِعٌ
(٨) ذَكِيَّةٌ
(٩) مُجْتَهِدَةٌ
(١٠) طَوِيلٌ

# The Preposition: 'Inda

$$\text{حَرْفُ الْجَرِّ : عِنْدَ}$$

The preposition عِنْدَ , which means "with" or "at", is used with attached pronouns = ضَمائِرُ مُتَّصِلَة to express the meaning of "to have". We will deal only with the singular attached pronouns.

| مُؤَنَّث | | مُذَكَّر | |
|---|---|---|---|
| I have | عِنْدِي | I have | عِنْدِي |
| You have | عِنْدَكِ | You have | عِنْدَكَ |
| It/She has | عِنْدَهَا | It/He has | عِنْدَهُ |

**Explanation:**

1. In the first example the ي (yá) which is an attached pronoun (ضَمِيرٌ مُتَّصِلٌ) means "me". Since it is combined with the preposition عِنْدَ (with), the phrase means: "with me" or "I have".

2. In the second example the masculine كَ (ka) and the feminine كِ (ki) are attached to عِنْدَ to give the meaning "You have" (m) عِنْدَكَ and "You have" (f) عِنْدَكِ .

3. In the third example   هُ (hu) is attached to  عِنْدَ  to give the meaning "He/It has"  عِنْدَهُ . The  هَا (há) is attached to give the meaning "She/it has"  عِنْدَهَا .

4. These expressions are used to convey possession, for example:

I have a book                                          عِنْدِي كِتَابٌ

5. Note that the nouns which follow take the dammatayn and that they do not have to agree in gender with the attached pronoun.

**Examples:**

She has a beautiful cat.              عِنْدَهَا هِرَّةٌ جَمِيلَةٌ

You have a big dog.                    عِنْدَكَ كَلْبٌ كَبِيرٌ

You (f) have a dictionary.           عِنْدَكِ قَامُوسٌ

He has a broken chair.               عِنْدَهُ كُرْسِيٌّ مَكْسُورٌ

I have a plate.                            عِنْدِي صَحْنٌ

**New Vocabulary:**

| | | | |
|---|---|---|---|
| A dictionary | قَامُوسٌ | A question | سُؤَالٌ |
| A plate | صَحْنٌ | A chair | كُرْسِيٌّ |
| A cup | فِنْجَانٌ | A letter | رِسَالَةٌ |
| A cat | هِرٌّ | A factory | مَصْنَعٌ |
| A professor | أُسْتَاذٌ | A dog | كَلْبٌ |

31

## Exercise 9:

1. Translate into Arabic:

   a. I have a new dictionary.
   b. She has a clean room.
   c. You have a broken plate.
   d. He has a sincere teacher.
   e. She has a sister.
   f. He has a ruler.
   g. It has a big window.
   h. You (f) have a chair.
   i. I have a small cup.
   j. It has a wide door.

2. Translate into English:

(١) عِنْدَكَ قَامُوسٌ كَبِيرٌ
(٢) عِنْدَهَا سَيَّارَةٌ جَدِيدَةٌ
(٣) عِنْدَهُ مُدَرِّسٌ لَطِيفٌ
(٤) عِنْدِي كِتَابٌ مُفِيدٌ
(٥) عِنْدَكَ مِمْسَحَةٌ
(٦) عِنْدِي كُرْسِيٌّ مَكْسُورٌ
(٧) عِنْدَكِ بَيْتٌ جَمِيلٌ
(٨) عِنْدَهَا نَافِذَةٌ صَغِيرَةٌ
(٩) عِنْدَهُ بَابٌ قَدِيمٌ
(١٠) عِنْدَكَ فِنْجَانٌ

3. Correct the following sentences:

(١) عِنْدَهُ كُرْسِيٌّ كَبِيرَةٌ
(٢) عِنْدَهَا مَصْنَعٌ جَدِيدَةٌ
(٣) تِلْكَ صَحْنٌ مَكْسُورٌ
(٤) أَنَا رِسَالَةٌ طَوِيلَةٌ
(٥) هٰذِهِ كَلْبٌ
(٦) اَلْحَافِلَةُ مَكْسُورٌ
(٧) هٰذَا هِرَّةٌ
(٨) هُوَ تَاجِرَةٌ مُخْلِصَةٌ
(٩) أَنْتَ قَامُوسٌ
(١٠) عِنْدَكَ سَفِينَةٌ صَغِيرٌ

4. Make sentences with the following words:

(١) مُمَرِّضٌ
(٢) هِرٌّ
(٦) أُخْتٌ
(٧) مُدِيرَةٌ

(٣) أَبٌ

(٤) وَلَدٌ

(٥) اِبْنَةٌ

(٨) أُسْتَاذٌ

(٩) عَامِلَةٌ

(١٠) طَالِبَةٌ

5. Vocalize the following sentences:

(١) تلك سفينة مكسورة

(٢) عندي سيارة جميلة

(٣) هذه طائرة صغيرة

(٤) أنا ممرضة

(٥) أنت رجل متواضع

(٦) عندك صحن كبير

(٧) هذا فنجان

(٨) ذلك طالب ذكي

(٩) هو معلم مخلص

(١٠) أنت بنت كريمة

# The Definite Article: Al

## لَامُ اَلتَّعْرِيفِ : اَلْ

We have so far dealt with nouns that are indefinite, for example: وَلَدٌ (a boy). In English this is indicated by the article "a". In order to make "A boy" definite, we replace the "a" with the article "the"; we thus have "The boy". اَلْ (Al) in Arabic is, equivalent to "the" in English.

| Definite مَعْرِفَةٌ | Indefinite نَكِرَةٌ |
|---|---|
| اَلدَّرْسُ<br>The lesson | دَرْسٌ<br>A lesson |
| اَلْوَالِدُ<br>The father | وَالِدٌ<br>A father |

**Explanation:**

1. In the example under the "indefinite" category, the last letter of the word has a "dammatayn" ( ٌ ), which indicates indefiniteness: دَرْسٌ (a lesson).

2. In the other example, the word "اَلدَّرْسُ" has been prefixed by the Al ( اَلْ ) to make it definite and to change its meaning from "a lesson" to "The lesson".
   Note that the noun loses one of its dammatayn ( ٌ becomes ُ ) and keeps one "damma" ( ُ ) only.
3. The term for "indefinite" in Arabic is "نَكِرَةٌ" and for "definite" is "مَعْرِفَةٌ".

**Examples:**

| | | | |
|---|---|---|---|
| A lesson | دَرْسٌ | The lesson | اَلدَّرْسُ |
| A book | كِتَابٌ | The book. | اَلْكِتَابُ |
| A letter | رِسَالَةٌ | The letter. | اَلرِّسَالَةُ |

**Sun-letters and Moon-letters.**
In Arabic, the alphabet is divided into the "Moon-letters" اَلْحُرُوفُ الْقَمَرِيَّةُ and the "Sun-letters" اَلْحُرُوفُ الشَّمْسِيَّةُ . The fourteen Sun-letters are: ت ، ث ، د ، ذ ، ر ، ز ، س ، ش ، ص ، ض ، ط ، ظ ، ل ، ن
Note carefully in the actual pronunciation that when a noun or an adjective begins with a Sun-letter the "lám - ل" of the definite article "Al" is silent. The Sun-letters then take a "shadda ( ّ )".

**New Vocabulary:**

| | | | |
|---|---|---|---|
| A letter | خِطَابٌ | A knife | سِكِّينٌ |
| A word | كَلِمَةٌ | A table | طَاوِلَةٌ |
| A subject | مَادَّةٌ | A hall | صَالَةٌ |
| A paper | وَرَقَةٌ | A language | لُغَةٌ |
| A margin | هَامِشٌ | A farmer | فَلَّاحٌ |

**Exercise 10:**

1. Translate the following into Arabic:
   - a. The house
   - b. A chair
   - c. The plate
   - d. A cup
   - e. The door
   - f. A table
   - g. The window
   - h. The wall
   - i. A spoon
   - j. The knife

2. Translate the following into English:

   | (٦) وَالِدٌ | (١) اَلْفِنْجَانُ |
   |---|---|
   | (٧) اَلنَّافِذَةُ | (٢) اَلْمِسْطَرَةُ |
   | (٨) شَارِعٌ | (٣) طَبِيبَةٌ |
   | (٩) اَلْمِمْسَحَةُ | (٤) أُمٌّ |
   | (١٠) سَيَّارَةٌ | (٥) اَلسَّبُّورَةُ |

3. Identify the words which start with a Moon-letter and those which start with a Sun-letter:

   | (٦) اَلْهَامِشُ | (١) اَللُّغَةُ |
   |---|---|
   | (٧) اَلصَّحْنُ | (٢) اَلْأَبُ |
   | (٨) اَلطَّائِرَةُ | (٣) اَلْوَرَقَةُ |
   | (٩) اَلْعَامِلَةُ | (٤) اَلرَّجُلُ |
   | (١٠) اَلْهَدِيَّةُ | (٥) اَلشَّاعِرُ |

4. Make the following adjectives definite:

   | (٦) مُتَوَاضِعَةٌ | (١) سَعِيدٌ |
   |---|---|
   | (٧) مُطِيعَةٌ | (٢) طَيِّبَةٌ |

(٣) كَرِيمٌ

(٤) حَزِينَةٌ

(٥) لَطِيفٌ

(٨) صَغِيرٌ

(٩) قَصِيرَةٌ

(١٠) ذَكِيٌّ

5. Vocalize the following words:

(١) الخباز

(٢) الكاتب

(٣) المدرّس

(٤) السفينة

(٥) الكلمة

(٦) الطباخ

(٧) الفلاح

(٨) الأستاذة

(٩) الحقيبة

(١٠) الهامش

بسم الله الرحمن الرحيم

## The Adjectival Phrase: Definite

## اَلتَّعْبِيرُ النَّعْتِيُّ لِلْمَعْرِفَةِ

The definite adjectival phrase, like the indefinite one, takes an adjective that must agree with the noun. Therefore, if the noun is definite, the adjective which describes it must also be definite.

| Def. Adj. Phrase | Ind. Adj. Phrase |
|---|---|
| اَلْوَالِدُ الْمُخْلِصُ<br>The sincere father | وَالِدٌ مُخْلِصٌ<br>A sincere father |
| اَلْوَالِدَةُ الْمُخْلِصَةُ<br>The sincere mother | وَالِدَةٌ مُخْلِصَةٌ<br>A sincere mother |

**Explanation:**

1. Under the column "Ind. Adj. Phrase", the indefinite phrase is indicated by the dammatayn on the last letter of the noun and of its adjective.
2. Under the column "Def. Adj. Phrase", the noun as well as its adjective take the definite article "Al".

**Examples:**

| | |
|---|---|
| The strong boy | اَلْوَلَدُ الْقَوِيُّ |
| The obedient girl | اَلْبِنْتُ اَلْمُطِيعَةُ |
| The beautiful park | اَلْبُسْتَانُ اَلْجَمِيلُ |
| The small garden | اَلْحَدِيقَةُ اَلصَّغِيرَةُ |
| The heavy parcel | اَلطَّرْدُ الثَّقِيلُ |
| The light letter | اَلرِّسَالَةُ اَلْخَفِيفَةُ |

**New Vocabulary:**

| | | | |
|---|---|---|---|
| A spoon | مِلْعَقَةٌ | A market | سُوقٌ |
| A parcel | طَرْدٌ | A fork | شَوْكَةٌ |
| A park | بُسْتَانٌ | A garden | حَدِيقَةٌ |
| Strong | قَوِيٌّ | Weak | ضَعِيفٌ |
| Light | خَفِيفٌ | Heavy | ثَقِيلٌ |

**Exercise 11:**

1. Translate the following phrases into Arabic:

| | | | |
|---|---|---|---|
| a. | The narrow street | f. | A clever pupil (f) |
| b. | A new garden | g. | The excellent teacher |
| c. | The useful book | h. | A sad boy |
| d. | A friendly father | i. | The big park |
| e. | The broken car | j. | A beautiful cat |

2. Translate the following phrases into English:

(١) مُعَلِّمٌ لَطِيفٌ

(٢) اَلْبُسْتَانُ الْجَمِيلُ

(٣) خِطَابٌ طَوِيلٌ

(٤) اَلْمُهَنْدِسُ الْمُجْتَهِدُ

(٥) أُسْتَاذٌ ذَكِيٌّ

(٦) مِلْعَقَةٌ ثَقِيلَةٌ

(٧) اَلْمَدْرَسَةُ الْمَشْهُورَةُ

(٨) اَلسُّوْقُ الْجَدِيدَةُ

(٩) اَلصَّالَةُ الصَّغِيرَةُ

(١٠) مُدَرِّسَةٌ مُخْلِصَةٌ

3. Make the following phrases definite:

(١) اِبْنٌ كَرِيمٌ

(٢) خَبَّازٌ نَشِيطٌ

(٣) شَوْكَةٌ خَفِيفَةٌ

(٤) عَامِلٌ قَوِيٌّ

(٥) طِفْلٌ ضَعِيفٌ

(٦) مُدِيرٌ مُتَوَاضِعٌ

(٧) مَكْتَبَةٌ مُفِيدَةٌ

(٨) طَبِيبٌ مُخْلِصٌ

(٩) رِسَالَةٌ قَصِيرَةٌ

(١٠) وَالِدَةٌ سَعِيدَةٌ

4. Complete the phrases by using suitable adjectives:

(١) اَلْجِدَارُ ..............................

(٢) مِمْسَحَةٌ ..............................

(٣) اَلصَّحْنُ ..............................

(٤) أَخٌ ..............................

(٥) اَلْأُخْتُ ..............................

(٦) اَلْمُمَرِّضَةُ ..............................

(٧) سَفِينَةٌ ..............................

(٨) اَلْفِنْجَانُ ..............................

(٩) اَلْمَرْأَةُ ..............................

(١٠) شَاعِرٌ ..............................

5. Choose the correct adjective in brackets:

(١) اَلْكَاتِبُ (اَلْجَدِيدُ / مُفِيدَةٌ)

(٢) اَلشَّارِعُ (اَلْضَّيِّقُ / اَلْوَاسِعَةُ)

(٣) اَلصَّالَةُ (كَبِيرٌ / اَلْصَّغِيرَةُ)

(٤) اَلْوَلَدُ (قَوِيَّةٌ / اَلضَّعِيفُ)

(٥) اَلْمِسْطَرَةُ (اَلْمُفِيدَةُ / نَظِيفٌ)

(٦) اَلطَّرْدُ (اَلْثَّقِيلَةُ / اَلْخَفِيفُ)

(٧) اَلْبُسْتَانُ (اَلْقَدِيمُ / اَلْجَدِيدَةُ)

(٨) اَلْحَدِيقَةُ (اَلْقَبِيحُ / اَلْجَمِيلَةُ)

(٩) اَلطَّبَّاخُ (اَلطَّوِيلُ / اَلْقَصِيرَةُ)

(١٠) اَلْبِنْتُ (نَشِيطٌ / اَلنَّشِيطَةُ)

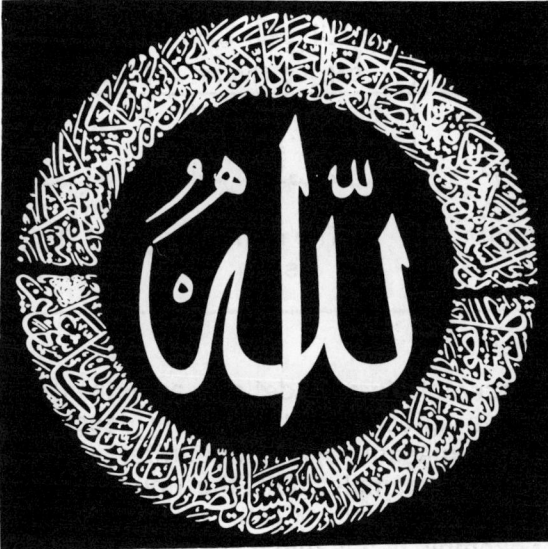

# The Nominal Sentence

## اَلْجُمْلَةُ الاِسْمِيَّةُ

The nominal sentence consists of a مُبْتَدَأ (subject) and a خَبَرٌ (predicate). It is called a "nominal sentence" because it always begins with a noun.

| اَلتَّعْبِيرُ النَّعْتِيُّ لِلنَّكِرَةِ<br>Ind. Adj. Phrase | اَلتَّعْبِيرُ اَلنَّعْتِيْ لِلْمَعْرِفَةِ<br>Def. Adj. Phrase | اَلْجُمْلَةُ الاِسْمِيَّةُ<br>Nom. Sentence |
|---|---|---|
| دَرْسٌ صَعْبٌ<br>1. A difficult lesson | اَلدَّرْسُ الصَّعْبُ<br>2. The difficult lesson | اَلدَّرْسُ صَعْبٌ<br>3. The lesson is difficult. |

**Explanation:**

1. The first example is an indefinite adjectival phrase where the adjective agrees with the noun it describes in gender (i.e., both are masculine) and indefinite.
2. In the second example, both the noun and the adjective have the definite article اَلْ (Al).
3. The last example is a nominal sentence. Its noun " اَلدَّرْسُ ", which is " اَلْمُبْتَدَأُ " (the subject), is definite and اَلْخَبَرُ (the predicate) is indefinite, i.e., "صَعْبٌ" and it, therefore, ends in a dammatayn. The predicate must agree with its subject

in gender, but will not take the "Al". If it takes the "Al", then it will change the nominal sentence into a definite adjectival phrase as happens in the second example.

4. The verbs "is" and "are" are usually not translated into Arabic although their meanings are implied in the sentence.

**Examples:**

The street is dirty.      اَلشَّارِعُ وَسِخٌ

The room is clean.      اَلْغُرْفَةُ نَظِيفَةٌ

The teacher is rich.      اَلْمُدَرِّسُ غَنِيٌّ

The student is poor.      اَلطَّالِبُ فَقِيرٌ

The accountant is stingy.      اَلْمُحَاسِبُ بَخِيلٌ

**New Vocabulary:**

| | | | |
|---|---|---|---|
| Difficult | صَعْبٌ | Easy | سَهْلٌ |
| Rich | غَنِيٌّ | Poor | فَقِيرٌ |
| Dirty | وَسِخٌ | Inactive | خَامِلٌ |
| Stingy | بَخِيلٌ | An accountant | مُحَاسِبٌ |
| A river | نَهْرٌ | A village | قَرْيَةٌ |

**Exercise 12:**

1. Translate the following sentences into Arabic:
   a. The rector is generous.
   b. The university is clean.

43

c. The student is inactive.
d. The accountant (f) is rich.
e. The library is useful.
f. The book is new.
g. The teacher is poor.
h. The city is beautiful.
i. The river is dirty.
j. The village is small.

2. Translate the following into English:

(٦) اَلْوَالِدَةُ مُتَوَاضِعَةٌ      (١) اَلسَّاعَةُ جَمِيلَةٌ

(٧) اَلْبِنْتُ أَنِيسَةٌ      (٢) اَلْمَكْتَبُ مَكْسُورٌ

(٨) اَلنَّهْرُ وَاسِعٌ      (٣) اَلْوَالِدُ حَزِينٌ

(٩) اَلْمَدِينَةُ غَنِيَّةٌ      (٤) اَلْقَرْيَةُ كَبِيرَةٌ

(١٠) اَلْمُحَاسِبَةُ بَخِيلَةٌ      (٥) اَلسَّيَّارَةُ صَغِيرَةٌ

3. Translate the following into Arabic and state whether they are definite or indefinite phrases or nominal sentences:
   a. A stingy wife
   b. The river is long.
   c. A poor girl
   d. The inactive father
   e. The teacher is sad.
   f. The door is broken.
   g. The beautiful city
   h. A rich boy
   i. The house is clean.
   j. The wide river

4. Change the following adjectival phrases into nominal sentences:

(٦) رَجُلٌ بَخِيلٌ      (١) اَلْوَالِدُ الْغَنِيُّ

(٧) اَلْخَرِيطَةُ الْقَدِيمَةُ      (٢) سَبُّورَةٌ وَسِخَةٌ

(٨) جَامِعَةٌ مَشْهُورَةٌ      (٣) اَلْمِنْضَدَةُ الْمَكْسُورَةُ

(٩) اَلدَّرَّاجَةُ الْجَدِيدَةُ      (٤) قَرْيَةٌ فَقِيرَةٌ

(١٠) اَلْكَلْبُ الْخَامِلُ      (٥) اَلْمِمْسَحَةُ النَّظِيفَةُ

44

5. Pair the subjects in group A with suitable predicates in group B:

| B | A |
|---|---|
| فَقِيرَةٌ | اَلْبَيْتُ |
| مُفِيدٌ | اَلطَّائِرَةُ |
| غَنِيٌّ | اَلْمَكْتَبُ |
| خَفِيفٌ | اَلْكَاتِبُ |
| ثَقِيلَةٌ | اَلطَّرْدُ |
| مَكْسُورَةٌ | اَلْقَرْيَةُ |
| نَشِيطَةٌ | اَلنَّهْرُ |
| بَخِيلٌ | اَلْمِلْعَقَةُ |
| كَبِيرٌ | اَلْمُعَلِّمَةُ |
| وَاسِعٌ | اَلْمُدِيرُ |
| صَعْبَةٌ | اَللُّغَةُ |

**LESSON 13** الدرس ١٣

# The Interrogative Particles: Man and Ma

# أَدَوَاتُ الْاِسْتِفْهَامِ : مَنْ + مَا

The interrogative particles are used for asking questions. مَنْ means "who" and مَا means "what".

| The Question and the Answer | اَلسُّؤَالُ وَ الْجَوَابُ |
|---|---|
| 1. Who is this (m)? | مَنْ هٰذَا ؟ |
| This is a Sami. | هٰذَا سَامِي |
| Who is he? | مَنْ هُوَ ؟ |
| He is Muhammad. | هُوَ مُحَمَّدٌ |
| Who is this (f)? | مَنْ هٰذِهِ ؟ |
| This is Salwa. | هٰذِهِ سَلْوَى |
| Who is she? | مَنْ هِيَ ؟ |
| She is Mumtaza. | هِيَ مُمْتَازَةٌ |
| 2. What is this (m)? | مَا هٰذَا ؟ |
| This is a shop. | هٰذَا دُكَّانٌ |
| What is this (f)? | مَا هٰذِهِ ؟ |
| This is a bus. | هٰذِهِ حَافِلَةٌ |

**Explanation:**

1. The interrogative particle مَنْ (who) refers to persons only. In the first group of examples, the question is asked about the name of a person.
   The answer is given in the form of a "nominal sentence". The subject is "this" إِسْمُ الْاشَارَةِ (a demonstrative pronoun) or "he" ضَمِيرٌ مُنْفَصِلٌ (an independent pronoun), and their predicates are "Sami" or "Muhammad" respectively.
2. The interrogative particle مَا (what) used in the second group refers to things only. The answer is also in the form of a "جُمْلَةٌ اِسْمِيَّةٌ" For example: The subject هٰذَا (this) has the word "دُكَّانٌ" as its predicate which is indefinite.

**Examples:**

| | | | |
|---|---|---|---|
| 1. | a. | Who is this? | مَنْ هٰذَا ؟ |
| | | This is Ihsan. | هٰذَا إِحْسَانٌ |
| | b. | Who is he? | مَنْ هُوَ ؟ |
| | | He is Ali. | هُوَ عَلِيٌّ |
| | c. | Who is this (f)? | مَنْ هٰذِهِ ؟ |
| | | This is Rashida. | هٰذِهِ رَشِيدَةٌ |
| | d. | Who is she? | مَنْ هِيَ ؟ |
| | | She is Khadija. | هِيَ خَدِيجَةُ |
| 2. | a. | What is this (m)? | مَا هٰذَا ؟ |
| | | This is a hotel. | هٰذَا فُنْدُقٌ |
| | b. | What is this (f)? | مَا هٰذِهِ ؟ |
| | | This is an island. | هٰذِهِ جَزِيرَةٌ |

3.　a.　What is your (m) profession?　مَا مِهْنَتُكَ ؟

I am a barber.　أَنَا حَلَّاقٌ

　b.　What is your (f) profession?　مَا مِهْنَتُكِ ؟

I am a baker.　أَنَا خَبَّازَةٌ

## New Vocabulary:

| | | | |
|---|---|---|---|
| A translator | مُتَرْجِمٌ | A driver | سَائِقٌ |
| A barber | حَلَّاقٌ | A shop | دُكَّانٌ |
| A carpenter | نَجَّارٌ | An island | جَزِيرَةٌ |
| A hotel | فُنْدُقٌ | A key | مِفْتَاحٌ |
| An apartment | شَقَّةٌ | A newspaper | جَرِيدَةٌ |

## Exercise 13:

1.　Translate the following into Arabic:
　a.　Who is he? He is Doctor Taieb.
　b.　What is this? This is a broken pen.
　c.　Who is this? This is Yasin.
　d.　Who is she? She is Fatima.
　e.　Who is he? He is my principal Yusuf.
　f.　What is it? It is a beautiful hotel.
　g.　Who is this? This is Ibrahim.
　h.　What is this? This is a newspaper.
　i.　What is it? It is an institute.
　j.　Who is she? She is my teacher Salma.

48

2. Translate into English:

(١) مَنْ هُوَ ؟ هُوَ اِبْرَاهِيمُ
(٢) مَا هٰذَا ؟ هٰذَا دَفْتَرٌ
(٣) مَا هٰذِهِ ؟ هٰذِهِ هَدِيَّةٌ
(٤) مَنْ ذٰلِكَ ؟ ذٰلِكَ عَلِيٌّ
(٥) أَنَا نَجَّارٌ
(٦) عِنْدَكِ قَلَمٌ
(٧) مَنْ هٰذِهِ ؟ هٰذِهِ فَاطِمَةُ
(٨) أَنْتَ مُتَرْجِمٌ
(٩) تِلْكَ سَبُّورَةٌ نَظِيفَةٌ
(١٠) هِيَ حَلَّاقَةٌ

3. Answer the following questions:

(١) مَا هٰذَا ؟
(٢) مَنْ أَنْتَ ؟
(٣) مَا هٰذِهِ ؟
(٤) مَنْ تِلْكَ ؟
(٥) مَا تِلْكَ ؟
(٦) مَنْ هُوَ ؟
(٧) مَنْ أَنْتِ ؟
(٨) مَا ذٰلِكَ ؟
(٩) مَنْ هِيَ ؟
(١٠) مَنْ هٰذِهِ ؟

4. Give the opposite of the following words.

(١) ضَعِيفَةٌ
(٢) بَخِيلٌ
(٣) خَامِلَةٌ
(٤) خَفِيفَةٌ
(٥) حَزِينَةٌ
(٦) طَوِيلٌ
(٧) فَقِيرَةٌ
(٨) كَبِيرٌ
(٩) سَهْلَةٌ
(١٠) ضَيِّقٌ

5. Vocalize:

(١) هذه ملعقة صغيرة

(٢) هذا فنجان جديد

(٣) من هي ؟ هي مريم

(٤) أنت والدة مخلصة

(٥) ما هذه ؟ هذه سيّارة

(٦) تلك شوكة خفيفة

(٧) ذلك صحن مكسور

(٨) ما هذا ؟ هذا كتاب

(٩) أنت خبّاز مجتهد

(١٠) ما هذا ؟ هذا خطاب قصير

# The Interrogative Particle: Hal

# أَدَاةُ الْاِسْتِفْهَامِ : هَلْ

In order to construct simple interrogative sentences i.e. questions, we start with the particles هَلْ (hal) or أَ (a). This lesson will be confined to the use of هَلْ only.

| The Question and the Answer | السُّؤَالُ وَ الْجَوَابُ |
|---|---|
| 1. Is he a writer? | هَلْ هُوَ كَاتِبٌ ؟ |
| Yes, he is a writer. | نَعَمْ ، هُوَ كَاتِبٌ |
| 2. Is this a magazine? | هَلْ هَذِهِ مَجَلَّةٌ ؟ |
| Yes, this is a magazine. | نَعَمْ ، هَذِهِ مَجَلَّةٌ |
| 3. Are you a cook? | هَلْ أَنْتِ طَبَّاخَةٌ ؟ |
| No, I am a baker. | لَا ، أَنَا خَبَّازَةٌ |
| 4. Is this a school? | هَلْ هَذِهِ مَدْرَسَةٌ ؟ |
| No, this is a university. | لَا ، هَذِهِ جَامِعَةٌ |

**Explanation:**

1.  " هَلْ " is the particle used to introduce an interrogative sentence.
2.  Note that the particle is written first, and that the "«؟»" (question-mark) in Arabic is the reverse of the question-mark in English.
3.  The answer to the first question is affirmative. It is expressed by the particle نَعَمْ (Yes).
4.  The answers to the third and fourth questions are negative and are expressed by the particle لَا (No).
5.  Thus, answers to "Hal" must start with نَعَمْ (Yes) or لَا (No).

**Examples:**

1.  **Affirmative:**

    a.  Are you a student?

    هَلْ أَنْتَ طَالِبٌ

    Yes, I am a student.

    نَعَمْ ، أَنَا طَالِبٌ

    b.  Is he a friendly man?

    هَلْ هُوَ رَجُلٌ أَنِيسٌ ؟

    Yes, he is a friendly man.

    نَعَمْ ، هُوَ رَجُلٌ أَنِيسٌ

    c.  Is this an institute?

    هَلْ هٰذَا مَعْهَدٌ ؟

    Yes, this is an institute.

    نَعَمْ ، هٰذَا مَعْهَدٌ

    d.  Is this a big island?

    هَلْ هٰذِهِ جَزِيرَةٌ كَبِيرَةٌ ؟

    Yes, this is a big island.

    نَعَمْ ، هٰذِهِ جَزِيرَةٌ كَبِيرَةٌ

    e.  Is the parcel heavy?

    هَلِ الطَّرْدُ ثَقِيلٌ ؟

    Yes, the parcel is heavy.

    نَعَمْ ، اَلطَّرْدُ ثَقِيلٌ

52

## 2. Negative:

a. Are you rich?

هَلْ أَنْتَ غَنِيٌّ

No, I am poor.

لَا ، أَنَا فَقِيرٌ

b. Is the letter heavy?

هَلِ الرِّسَالَةُ ثَقِيلَةٌ ؟

No, the letter is light.

لَا ، اَلرِّسَالَةُ خَفِيفَةٌ

c. Is it weak?

هَلْ هُوَ ضَعِيفٌ ؟

No, it is strong.

لَا ، هُوَ قَوِيٌّ

d. Is this a village?

هَلْ هَذِهِ قَرْيَةٌ ؟

No, this is a city.

لَا ، هَذِهِ مَدِينَةٌ

e. Is she a dull pupil?

هَلْ هِيَ تِلْمِيذَةٌ غَبِيَّةٌ ؟

No, she is a clever pupil.

لَا ، هِيَ تِلْمِيذَةٌ ذَكِيَّةٌ

**Note:** If the interrogative particle is followed by a definite noun, then the sukun on the " لْ " of the interrogative particle " هَلْ " is dropped and a "helping vowel" replaces it; which is in this case a "kasra ( لِ )".

## New Vocabulary:

| | | | |
|---|---|---|---|
| A ring | خَاتِمٌ | A skirt | تَنُّورَةٌ |
| Dull/Stupid | غَبِيٌّ | A shirt | قَمِيصٌ |
| Cheap | رَخِيصٌ | A dress | فُسْتَانٌ |
| A file | مَلَفٌّ | A magazine | مَجَلَّةٌ |
| Coming | قَادِمٌ | Going | ذَاهِبٌ |

## Exercise 14:

1. Translate the following into Arabic:
   a. Is he an excellent teacher? Yes, he is an excellent teacher.
   b. Is that a new skirt? No, that is an old skirt.
   c. Are you a principal? No, I am a professor.
   d. Is this a cheap pen? Yes, this is a cheap pen.
   e. Is she sad? Yes, she is sad.
   f. Is the chair heavy? No, the chair is light.
   g. Is this a library? Yes, this is a library.
   h. Are you a barber? No, I am a carpenter.
   i. Is the man generous? No, the man is stingy.
   j. Is he dull? Yes, he is dull.

2. Translate the following into English:

(١) هَلْ هُوَ طِفْلٌ مُخْلِصٌ ؟

(٢) نَعَمْ ، هِيَ اِمْرَأَةٌ لَطِيْفَةٌ

(٣) لَا ، اَلْمِسْطَرَةُ مَكْسُورَةٌ

(٤) هَلْ هٰذَا بُسْتَانٌ جَمِيلٌ ؟

(٥) هٰذِهِ حَدِيقَةٌ كَبِيرَةٌ

(٦) لَا ، اَلتَّنُّورَةُ قَبِيحَةٌ

(٧) هَلْ تِلْكَ سَفِينَةٌ ؟

(٨) نَعَمْ ، اَلسَّيَّارَةُ رَخِيصَةٌ

(٩) لَا ، أَنَا سَعِيدَةٌ

(١٠) نَعَمْ ، هٰذِهِ سَبُّورَةٌ نَظِيفَةٌ

3. Answer the following questions in the affirmative:

(١) هَلْ هٰذَا جِدَارٌ نَظِيفٌ ؟

(٢) هَلِ الْبَابُ مَكْسُورٌ ؟

(٣) هَلْ هٰذَا دَرْسٌ سَهْلٌ ؟

(٤) هَل هٰذِهِ سَيَّارَةٌ رَخِيصَةٌ ؟

(٥) هَلْ تِلْكَ سَفِينَةٌ مَكْسُورَةٌ ؟

(٦) هَلْ ذٰلِكَ بَيْتٌ كَبِيرٌ ؟

(٧) هَلْ هَذَا كُرْسِيٌّ ؟

(٨) هَلِ الْوَالِدُ كَرِيمٌ ؟

(٩) هَلِ الدَّرَّاجَةُ صَغِيرَةٌ ؟

(١٠) هَلْ هَذِهِ طَاوِلَةٌ ؟

4. Answer the following questions in the negative:

(١) هَلِ الشَّارِعُ وَاسِعٌ ؟

(٢) هَلْ هٰذَا اِبْنٌ مُطِيعٌ ؟

(٣) هَلْ ذٰلِكَ مُعَلِّمٌ نَشِيطٌ ؟

(٤) هَلْ هَذَا دَرْسٌ صَعْبٌ ؟

(٥) هَلْ هٰذِهِ بِنْتٌ حَزِينَةٌ ؟

(٦) هَلْ أَنْتِ فَقِيرَةٌ ؟

(٧) هَلْ هِيَ مُدَرِّسَةٌ خَامِلَةٌ ؟

(٨) هَلْ أَنْتَ وَالِدٌ غَنِيٌّ ؟

(٩) هَلْ تِلْكَ بِنْتٌ قَوِيَّةٌ ؟

(١٠) هَلْ أَنْتَ ضَعِيفٌ ؟

5. Vocalize the following:

(١) هل الكتاب مفيد ؟

(٢) ذلك فستان جميل

(٣) هل هذه غرفة واسعة ؟

(٤) هل أنت مسلمة ؟

(٥) هذه أستاذة لطيفة

(٦) هذا بيت جميل

(٧) تلك تنّورة قصيرة

(٨) نعم ، هو طالب ذكيّ

(٩) لا ، أنا ممرّض

(١٠) نعم ، الرجل بخيل

# The Attached Pronouns

## اَلضَّمَائِرُ الْمُتَّصِلَةُ

The attached pronouns, also known as possessive pronouns, express possession as in English e.g. "My book". This lesson deals with the singular forms of the possessive pronouns only.

| اَلْإِنْكْلِيزِيَّةُ | اَلْعَرَبِيَّةُ |
|---|---|
| A book | كِتَابٌ |
| The book | اَلْكِتَابُ |
| My book | كِتَابِي |
| Your book (m) | كِتَابُكَ |
| Your book (f) | كِتَابُكِ |
| His book | كِتَابُهُ |
| Her book | كِتَابُهَا |

**Explanation:**

1. When an indefinite noun e.g. " كِتَابٌ " is made definite, then it loses a damma and an "Al" is prefixed to it e.g. " اَلْكِتَابُ "
2. When the noun " كِتَابٌ " has an attached pronoun, it is always definite. In other words, the possessive/attached pronoun makes it definite: " كِتَابِي ", " كِتَابُكَ ", " كِتَابُكِ ", " كِتَابُهُ " and " كِتَابُهَا ".
3. That is why nouns never take the definite article " اَلْ " when they are combined with these pronouns.
4. **Note that the form of the attached pronouns differs greatly from the detached pronouns.**

| Pronouns | | | |
|---|---|---|---|
| Attached | | Detached | |
| Mine | ي | I | أَنَا |
| Your (m) | كَ | You (m) | أَنْتَ |
| Your (f) | كِ | You (f) | أَنْتِ |
| His | هُ | He | هُوَ |
| Her | هَا | She | هِيَ |

5. In the example " اَلْمِلْعَقَةُ نَظِيفَةٌ " (The spoon is clean), the subject ends with a tá'marbúta; When an attached pronoun is suffixed to it, the tá'marbúta becomes a tá'maftúha i.e. an open ta' " مِلْعَقَتُهُ نَظِيفَةٌ " (His spoon is clean).

6. The example " مِلْعَقَتُهُ نَظِيفَةٌ " is a nominal sentence where the subject has become definite because of the attached pronoun "ـهُ" and the predicate " نَظِيفَةٌ " remains indefinite.

7. However, if the word " نَظِيفَةٌ " (clean) is made definite by adding the " اَلْ " (Al), then the sentence will be changed to a definite phrase:

   a. The spoon is clean. اَلْمِلْعَقَةُ نَظِيفَةٌ

   b. His spoon is clean. مِلْعَقَتُهُ نَظِيفَةٌ

   c. His clean spoon مِلْعَقَتُهُ اَلنَّظِيفَةُ

**Examples:**

1. Used on its own:

   a. Your bag حَقِيبَتُكَ

   b. Her pen قَلَمُهَا

   c. His note-book دَفْتَرُهُ

   d. My teacher مُعَلِّمِي

   e. Your (f) principal مُدِيرُكِ

2. Used with adjectives:

   a. His new glass كُوبُهُ اَلْجَدِيدُ

   b. Her big cup فِنْجَانُهَا اَلْكَبِيرُ

   c. Your clean kitchen مَطْبَخُكَ اَلنَّظِيفُ

d. Your heavy pot — قِدْرُكِ اَلثَّقِيلُ

e. My old fridge — ثَلَّاجَتِي اَلْقَدِيمَةُ

3. Used in a sentence:

a. My watch is beautiful. — سَاعَتِي جَمِيلَةٌ

b. Your plate is broken. — صَحْنُكَ مَكْسُورٌ

c. Your fork is clean. — شَوْكَتُكِ نَظِيفَةٌ

d. His car is old. — سَيَّارَتُهُ قَدِيمَةٌ

e. Her oven is small. — فُرْنُهَا صَغِيرٌ

**New Vocabulary:**

| | | | |
|---|---|---|---|
| A restaurant | مَطْعَمٌ | An oven | فُرْنٌ |
| A pot | قِدْرٌ | A fridge | ثَلَّاجَةٌ |
| A jug | اِبْرِيقٌ | A glass | كُوبٌ |
| A drawer | دُرْجٌ | A window | شُبَّاكٌ |
| A company | شَرِكَةٌ | A cupboard | دُولَابٌ |

## Exercise 15:

1. Translate into Arabic:

| | | | |
|---|---|---|---|
| a. | Your (f) library | f. | His mother is friendly. |
| b. | Her clean car | g. | My broken chair |
| c. | Your teacher is excellent. | h. | Her knife |
| d. | My son is sincere. | i. | His cheap house |
| e. | Her principal is polite. | j. | Your oven |

2. Translate into English:

(١) دَرْسُهُ سَهْلٌ

(٢) مُدَرِّسَتِي مُهَذَّبَةٌ

(٣) اِبْرِيقُهُ نَظِيفٌ

(٤) مِنْضَدَتُهَا اَلصَّغِيرَةُ

(٥) طَالِبَتُكِ ذَكِيَّةٌ

(٦) تَنُّورَتُهَا طَوِيلَةٌ

(٧) بُسْتَانُكَ جَمِيلٌ

(٨) أُخْتِي اَلْمُتَوَاضِعَةُ

(٩) كُوبُكِ اَلْمَكْسُورُ

(١٠) شُبَّاكِي اَلضَّيِّقُ

3. Change the following phrases into nominal sentences:

(١) اَلْمُعَلِّمُ الْجَدِيدُ

(٢) تِلْمِيذَتُهُ اَلْمُجْتَهِدَةُ

(٣) وَالِدُكِ اَلْمُخْلِصُ

(٤) ثَلَّاجَةٌ خَفِيفَةٌ

(٥) حَقِيبَتِي اَلصَّغِيرَةُ

(٦) أُسْتَاذَتُهَا الْكَرِيمَةُ

(٧) غُرْفَتُكَ اَلضَّيِّقَةُ

(٨) قِدْرٌ ثَقِيلٌ

(٩) اَلشَّرِكَةُ اَلْقَدِيمَةُ

(١٠) اَلْحَافِلَةُ اَلنَّظِيفَةُ

4. Choose the correct word and make a phrase or a sentence:

(١) وَالِدَتُهَا (سَعِيدٌ / سَعِيدَةٌ)

(٢) دَرْسُكَ (سَهْلٌ / اَلصَّعْبَةُ)

(٣) بَيْتُكَ (جَمِيلَةٌ / جَمِيلٌ)

(٦) خَادِمُهُ (اَلْمُطِيعُ / مُطِيعَةٌ)

(٧) أَبِي (حَزِينَةٌ / اَلْحَزِينُ)

(٨) هٰذَا (خِطَابُكِ / رِسَالَتُكِ)

(٤) (ذٰلِكَ / تِلْكَ) كِتَابُهَا

(٥) (مَا / مَنْ) أُمُّهُ ؟

(٩) (عِنْدَهُ / هٰذِهِ) سِكِّينٌ

(١٠) (هٰذَا / هٰذِهِ) مِسْطَرَتِي

5. Correct the mistakes in the following phrases and sentences:

(١) اِبْنُهَا مُطِيعُهَا

(٢) قَلَمُكَ اَلْجَدِيدَةُ

(٣) اَلنَّجَّارُ اَلْضَّعِيفَةُ

(٤) اَلْحَزِينُ أُسْتَاذٌ

(٥) تِلْكَ النَّافِذَتُهُ

(٦) وَالِدِي اَلْمُخْلِصَةُ

(٧) قَوِيٌّ اَلْطِّفْلُ

(٨) اَلشَّوْكَتُكِ اَلرَّخِيصَةُ

(٩) هٰذَا رِسَالَتِي الطَّوِيلَةُ

(١٠) هَلْ عِنْدَهَا سَيَّارَةٌ قَدِيمٌ ؟

# The Interrogative Particle: Kayfa

أَدَاةُ الْاِسْتِفْهَامِ : كَيْفَ

The interrogative particle كَيْفَ is used to ask the question "How?". The interrogative particle مَا will also be referred to in this chapter.

| اَلْاِنْكْلِيزِيَّةُ | اَلْعَرَبِيَّةُ |
|---|---|
| 1. How are you? | كَيْفَ أَنْتَ / كَيْفَ حَالُكَ |
| How is he? | كَيْفَ هُوَ / كَيْفَ حَالُهُ ؟ |
| 2. How is your health? | كَيْفَ صِحَّتُكِ ؟ |
| How is her health? | كَيْفَ صِحَّتُهَا ؟ |
| 3. How is your mother? | كَيْفَ وَالِدَتُكَ ؟ |
| My mother is fine. | وَالِدَتِي طَيِّبَةٌ |

**Explanation:**

1. In the first two examples, the particle kayfa is used first with the independent pronoun to express a question.
2. Then the word "حَالٌ" ("condition") is used. It is combined with an attached pronoun to express "your/his /her condition" = حَالُكَ / حَالُهُ / حَالُهَا
3. The word " صِحَّةٌ " (health) is used in the third group to express "your/his/her health = صِحَّتُكَ / صِحَّتُهُ / صِحَّتُهَا To this noun a pronoun has been attached.
4. The words " حَالٌ / صِحَّةٌ " may be replaced by other nouns to express different types of questions:

| | |
|---|---|
| How is your mother? | كَيْفَ أُمُّكَ ؟ |
| My mother is fine. | أُمِّي طَيِّبَةٌ |
| or | أَوْ |
| She is fine. | هِيَ طَيِّبَةٌ |

5. The word " طَيِّبٌ " (fine) may be replaced by the word خَيْرٌ (well). Note that this word has a preposition " بِ " (in/with) attached to it بِخَيْرٍ .

| | |
|---|---|
| How is his family? | كَيْفَ أُسْرَتُهُ |
| His family is well. | أُسْرَتِي بِخَيْرٍ |
| How is your son? | كَيْفَ اِبْنُكَ ؟ |
| My son is fine. | اِبْنِي طَيِّبٌ |

6. The word " طَيِّبٌ " (fine) must agree in gender with the noun attached to the pronoun.
But the word " خَيْرٌ " (well) which has the preposition " بِ " attached to it, will not change its gender.

**Examples:**

1. Use of كَيْفَ .

| | | |
|---|---|---|
| a. | How are you? | كَيْفَ أَنْتَ ؟ |
| | I am fine. | أَنَا طَيِّبٌ |
| | How is he? | كَيْفَ هُوَ ؟ |
| | He is fine. | هُوَ بِخَيْرٍ |
| | How is she? | كَيْفَ هِيَ ؟ |
| | She is fine. | هِيَ طَيِّبَةٌ |
| b. | How is your health? | كَيْفَ صِحَّتُكَ ؟ |
| | My health is fine. | صِحَّتِي طَيِّبَةٌ |
| | How is his health? | كَيْفَ صِحَّتُهُ ؟ |
| | His health is fine. | صِحَّتُهُ طَيِّبَةٌ |
| | How is her health? | كَيْفَ صِحَّتُهَا ؟ |
| | Her health is fine. | صِحَّتُهَا طَيِّبَةٌ |

2. Use of مَا .
The interrogative particle مَا is also used with nouns which are attached to pronouns.

| | | |
|---|---|---|
| a. | What is your name? | مَا أَسْمُكَ ؟ |
| | My name is Hasan. | اِسْمِي حَسَنٌ |
| | What is her name? | مَا أَسْمُهَا ؟ |

| | | |
|---|---|---|
| | Her name is Hasina. | إِسْمُهَا حَسِينَةٌ |
| b. | What is his occupation? | مَا مِهْنَتُهُ ؟ |
| | He is an engineer. | هُوَ مُهَنْدِسٌ |
| | What is your occupation? | مَا مِهْنَتُكَ ؟ |
| | I am a photographer. | أَنَا مُصَوِّرٌ |

**New Vocabulary:**

| | | | |
|---|---|---|---|
| Health | صِحَّةٌ | Condition | حَالٌ |
| In | بِ | Occupation | مِهْنَةٌ |
| A name | إِسْمٌ | A photographer | مُصَوِّرٌ |
| A family | أُسْرَةٌ | A friend | صَدِيقٌ |
| Well | خَيْرٌ | A tailor | خَيَّاطٌ |

**Exercise 16:**

1. Translate the following sentences into Arabic:

a. What is his name?
a. His name is Muhammad.
b. How are you (f)?
b. I am fine.
c. How is her health?
c. Her health is well.
d. What is his occupation?
d. He is a nurse.
e. How is she?
e. She is well.
f. Who is she?
f. She is Khadija.
g. Is he an engineer?
g. Yes, he is an engineer.
h. How is her family?
h. Her family is well.
i. Is she Fatima?
i. No, she is Mumtaza.
j. Is he a doctor?
j. No, he is a professor.

2. Translate the following sentences into English:

(١) كَيْفَ حَالُهَا ؟ هِيَ بِخَيْرٍ

(٢) مَنْ أَنْتَ ؟ أَنا يَاسِينُ

(٣) مَا مِهْنَتُكَ ؟ أَنَا سَائِقٌ

(٤) كَيْفَ صِحَّتُكِ ؟ صِحَّتِي بِخَيْرٍ

(٥) هَلْ اِسْمُهَا فَاطِمَةُ ؟

(٦) مَا اِسْمُهُ ؟ اِسْمُهُ مُحَمَّدٌ

(٧) هَلْ أَنْتِ خَيَّاطَةٌ ؟

(٨) مَا هٰذِهِ ؟ هٰذِهِ حَافِلَةٌ

(٩) هَلْ هٰذَا دُكَّانٌ ؟ لَا ، هٰذَا فُنْدُقٌ

(١٠) كَيْفَ الْأُسْرَةُ؟ اَلْأُسْرَةُ طَيِّبَةٌ

3. Answer the following questions in Arabic:

(١) هَلْ هٰذِهِ شَقَّةٌ ؟

(٢) مَنْ هٰذِهِ ؟

(٣) مَا مِهْنَتُكَ ؟

(٤) كَيْفَ هِيَ ؟

(٥) هَلْ عِنْدَكِ دَرَّاجَةٌ ؟

(٦) كَيْفَ حَالُهَا ؟

(٧) مَا اِسْمُهُ ؟

(٨) هَلْ ذٰلِكَ قَمِيصٌ جَدِيدٌ ؟

(٩) كَيْفَ أُسْرَتُكَ ؟

(١٠) مَا اِسْمُكِ ؟

4. Complete with the correct questions or answers:

(١) .................. ؟ اِسْمُهُ مَحْمُودٌ

(٢) هَلْ هُوَ خَبَّازٌ ؟ ..................

(٣) .................. أَنَا بِخَيْرٍ

(٤) كَيْفَ أُسْرَتُكَ ؟ ..................

(٥) مَنْ أَنْتَ ؟ ..................

(٦) .................. ؟ نَعَمْ ، هٰذِهِ حَافِلَةٌ

(٧) .................. صِحَّتِي طَيِّبَةٌ

(٨) هَلْ هُوَ طَوِيلٌ ؟ .................. قَصِيرٌ

(٩) .................. ؟ لَا ، ..................

(١٠) مَا هٰذَا ؟ ..................

5. Choose the correct word:

(١)   (كَيْفَ / مَا) أُخْتُكَ ؟

(٢)   مَنْ (هٰذَا / هٰذِهِ) ؟ هٰذَا عَبْدُ الله

(٣)   (هَل / مَنْ) هِيَ طَالِبَةٌ ؟

(٤)   هُوَ (خَدِيجَةُ / هَارُونُ)

(٥)   كَيْفَ (حَالُكِ / حَالُهَا) ؟ هِيَ طَيِّبَةٌ

(٦)   هَلْ (ذٰلِكَ / تِلْكَ) شَقَّةٌ

(٧)   مَا (هٰذَا / هِيَ) ؟ هٰذَا فُسْتَانٌ

(٨)   اِسْمُهَا (مَدِيحَةُ / شَهِيدٌ)

(٩)   شَامِلٌ طَالِبٌ (غَبِيَّةٌ / ذَكِيٌّ)

(١٠)  كَيْفَ حَالُ الْأُسْتَاذِ ؟ (أَنْتَ / هُوَ) بِخَيْرٍ

67

# The Prepositions: Fi, 'Ala, Ila and Min

## حُرُوفُ الْجَرِّ : فِي + عَلىٰ + إِلىٰ + مِنْ

The following prepositions are some of the common ones: فِي = In, عَلَى = On, إِلَى = To/Towards, and مِنْ = From.

| اَلْانْكْلِيزِيَّة | اَلْعَرَبِيَّةُ |
|---|---|
| In a box | فِي صُنْدُوقٍ |
| In the box | فِي الصُّنْدُوقِ |
| On a table | عَلَى مَائِدَةٍ |
| On the table | عَلَى الْمَائِدَةِ |
| To a school | إِلَى مَدْرَسَةٍ |
| To the school | إِلَى الْمَدْرَسَةِ |
| From a laboratory | مِنْ مُخْتَبَرٍ |
| From the laboratory | مِنَ الْمُخْتَبَرِ |

**Explanation:**

1. In the examples above, the prepositions are followed by either an indefinite or a definite noun.
2. Whenever a preposition is followed by an indefinite noun e.g. box (صُنْدُوقٍ), the last letter of the noun has under it a "kasratayn" ( قٍ ). The tanwin indicates indefiniteness.
3. When this particular noun is made definite, then the kasratayn changes to a kasra ( قِ ) i.e. it loses one of the two strokes.
4. The word" صُنْدُوقٍ " changes to " اَلصُّنْدُوقِ "

**Examples:**

| | | |
|---|---|---|
| 1. | In a bus | فِي حَافِلَةٍ |
| | In the bus | فِي الْحَافِلَةِ |
| 2. | On a shelf | عَلَى رَفٍّ |
| | On the shelf | عَلَى الرَّفِّ |
| 3. | To a generous carpenter | إِلَى نَجَّارٍ كَرِيمٍ |
| | To the generous carpenter | إِلَى النَّجَّارِ الْكَرِيمِ |
| 4. | From a fat girl | مِنْ بِنْتٍ سَمِينَةٍ |
| | From the fat girl | مِنَ الْبِنْتِ السَّمِينَةِ |

**Note:**
In 3 and 4, the prepositions are followed by adjectival phrases. Note that the adjective صِفَةٌ which follows the noun مَوْصُوفٌ also has the kasratayn (when indefinite) or kasra (when definite) e.g.:

| To an active man | To the inactive man |
|---|---|
| إِلَى رَجُلٍ نَشِيطٍ | إِلَى الرَّجُلِ الْخَامِلِ |

**New Vocabulary:**

| | | | |
|---|---|---|---|
| A box | صُنْدُوقٌ | A laboratory | مُخْتَبَرٌ |
| A classroom | صَفٌّ | A shelf | رَفٌّ |
| A bed | سَرِيرٌ | Thin | نَحِيفٌ |
| Fat | سَمِينٌ | Arabic | اَللُّغَةُ الْعَرَبِيَّةُ |
| A table | مَائِدَةٌ | An institute | مَعْهَدٌ |

**Exercise 17:**

1. Translate the following prepositional phrases into Arabic:
   - a. In the hotel
   - b. From a servant
   - c. On a wall
   - d. From a big mosque
   - e. To the market
   - f. On a small desk
   - g. To the famous city
   - h. In a car
   - i. In a cheap shop
   - j. On the fridge

2. Translate the following prepositional phrases into English:

(١) فِي مُخْتَبَرٍ نَظِيفٍ

(٢) مِنَ الْمَسْجِدِ الْمَشْهُورِ

(٦) عَلَى الرَّفِّ الْوَاسِعِ

(٧) اِلَى الْجَامِعَةِ الصَّغِيرَةِ

(٣) مِنْ مَطْعَمٍ رَخِيصٍ
(٤) إِلَى وَالِدَةٍ سَمِينَةٍ
(٥) عَلَى طَاوِلَةٍ

(٨) فِي الدُّولَابِ الْكَبِيرِ
(٩) عَلَى الْمَكْتَبِ
(١٠) مِنْ مُدِيرٍ

3. Complete the following:

(١) عَلَى .................... كَبِيرٍ
(٢) فِي الْفُنْدُقِ ....................
(٣) مِنَ .................... الْفَقِيرِ
(٤) فِي .................... الْجَدِيدِ
(٥) مِنْ ....................

(٦) مِنَ الْمُدَرِّسِ ....................
(٧) إِلَى .................... الْمُخِلْمَةِ
(٨) فِي الْفُرْنِ ....................
(٩) إِلَى الْحَدِيقَةِ ....................
(١٠) فِي .................... الرَّخِيصِ

4. Choose the correct prepositions in the following sentences:

(١) (عَلَى / فِي) الْحَافِلَةِ الْجَمِيلَةِ
(٢) (إِلَى / عَلَى) الْغُرْفَةِ
(٣) (مِنَ / عَلَى) الدُّرْجِ الضَّيِّقِ
(٤) (عَلَى / إِلَى) الْمُخْتَبَرِ
(٥) (فِي / عَلَى) اَلدَّرَّاجَةِ الْقَدِيمَةِ

(٦) (فِي / إِلى) الصُّنْدُوقِ
(٧) (فِي / عَلَى) كُرْسِيٍّ مَكْسُورٍ
(٨) (مِنَ / عَلَى) الشَّارِعِ
(٩) (فِي / مِنَ) السَّيَّارَةِ الصَّغِيرَةِ
(١٠) (عَلَى / مِنْ) سَرِيرٍ

5. Choose the correct word in brackets:

(١) عَلَى (الْجِدَارِ / جِدَارٌ)

(٢) مِنَ (الْمَسْجِدَ / الْمَسْجِدِ) الْكَبِيرِ

(٣) إِلَى (الْمُدَرِّسُ / الْمُعَلِّمِ)

(٤) عَلَى (الشُّبَّاكِ / النَّافِذَةِ) الْوَاسِعَةِ

(٥) مِنَ (الْبَيْتِ / السَّفِينَةِ) الْجَمِيلَةِ

(٦) فِي (الْغُرْفَةِ / الشَّقَّةُ) النَّظِيفَةِ

(٧) إِلَى (مَعْهَدٍ / فُنْدُقٌ) صَغِيرٍ

(٨) فِي (الْفَصْلِ / صَفٍّ) جَدِيدٍ

(٩) مِنَ (الصُّنْدُوقِ / طَرْدٍ) الثَّقِيلِ

(١٠) عَلَى (الْمَائِدَةِ / الطَّاوِلَةُ)

# The Interrogative Particle: Ayna

## أَدَاةُ الْاِسْتِفْهَامِ : أَيْنَ

The interrogative particle " أَيْنَ " is used to ask about the place of a thing or a person.

| The Question and the Answer | اَلسُّؤَالُ وَ الْجَوَابُ |
|---|---|
| Where is the water? | أَيْنَ الْمَاءُ ؟ |
| The water is in the fridge. | اَلْمَاءُ فِي الثَّلاَّجَةِ |
| Where is the boy? | أَيْنَ الْوَلَدُ ؟ |
| The boy is on the bicycle. | اَلْوَلَدُ عَلَى الدَّرَّاجَةِ |
| Where are you from? | مِنْ أَيْنَ أَنْتَ ؟ |
| I am from Cairo. | أَنَا مِنَ الْقَاهِرَةِ |

**Explanation:**

1. The interrogative particle " أَيْنَ " means "where" and it is followed immediately by the noun it asks about e.g. "the water = اَلْمَاءُ " and "the boy = اَلْوَلَدُ ".

2. In replying to the questions, the prepositions are used. The answer to the first example gives a clear indication where the water is, i.e. "in فِي " the fridge and not "on عَلَى " the fridge.
3. In the third example, the question starts with the preposition " مِنْ from", and not with the interrogative particle "where اَيْنَ ".

**Examples:**

| | | | |
|---|---|---|---|
| 1. | a. | Where is the bag? | أَيْنَ الْحَقِيبَةُ ؟ |
| | | The bag is in the classroom. | اَلْحَقِيبَةُ فِي الصَّفِّ |
| | b. | Where is the dictionary? | أَيْنَ الْقَامُوسُ ؟ |
| | | The dictionary is on the shelf. | اَلْقَامُوسُ عَلَى الرَّفِّ |
| 2. | a. | Where are you (m) from? | مِنْ أَيْنَ أَنْتَ ؟ |
| | | I am from Medina. | أَنَا مِنَ الْمَدِينَةِ الْمُنَوَّرَةِ |
| | b. | From where is he? | مِنْ أَيْنَ هُوَ ؟ |
| | | He is from Morocco. | هُوَ مِنَ الْمَغْرِبِ |
| 3. | a. | Where are you coming from? | مِنْ أَيْنَ أَنْتَ قَادِمٌ ؟ |
| | | I am coming from South Africa. | أَنَا قَادِمٌ مِنْ جَنُوبِ اِفْرِيقِيَّا |
| | b. | Where is she going to? | إِلَى أَيْنَ هِيَ ذَاهِبَةٌ ؟ |
| | | She is going to Mecca. | هِيَ ذَاهِبَةٌ إِلَى مَكَّةَ الْمُكَرَّمَةِ |

**Note:**
In group 3 a different set of examples appears. Note the arrangement of the words in the question and in the answer.

**New Vocabulary:**

| | | | |
|---|---|---|---|
| The bell | جَرَسٌ | The Ka'ba | اَلْكَعْبَةُ |
| The east | اَلشَّرْقُ | The west | اَلْغَرْبُ |
| North Africa | شَمَالُ إِفْرِيقِيَّا | South Africa | جَنُوبُ إِفْرِيقِيَّا |
| Morocco | اَلْمَغْرِبُ | Cairo | اَلْقَاهِرَةُ |
| Medina | اَلْمَدِينَةُ الْمُنَوَّرَةُ | Mecca | مَكَّةُ الْمُكَرَّمَةُ |

## Exercise 18:

1. Translate into Arabic:
a. Where is the map? The map is on the desk.
b. Where is the Ka'ba? The Ka'ba is in Mecca.
c. Where is Morocco? Morocco is in North Africa.
d. Where is she from? She is from South Africa.
e. Where are you going to? I am going to Medina.

2. Translate into English:

(١) مُحَمَّدٌ ذَاهِبٌ إِلَى الْمَغْرِبِ
(٢) مِنْ أَيْنَ الْأُسْتَاذَةُ قَادِمَةٌ ؟
(٣) أَيْنَ النَّجَّارُ النَّشِيطُ ؟
(٤) مِنْ أَيْنَ الْمُدِيرُ الْمُجْتَهِدُ ؟
(٥) اَلْمُتَرْجِمُ فِي الْمُخْتَبَرِ الْجَدِيدِ
(٦) إِلَى أَيْنَ أَنْتِ ذَاهِبَةٌ ؟
(٧) اَلشَّاعِرُ قَادِمٌ مِنَ الْفُنْدُقِ
(٨) اَلْخَبَّازُ فِي الْمَطْبَخِ النَّظِيفِ
(٩) هُوَ مِنَ الْمَدِينَةِ الْمُنَوَّرَةِ
(١٠) إِلَى أَيْنَ الْمُؤَلِّفَةُ ذَاهِبَةٌ ؟

3. Give suitable answers to the following questions in Arabic:

(١) مِنْ أَيْنَ أَنْتِ قَادِمَةٌ ؟
(٢) أَيْنَ الثَّلاجَةُ الرَّخِيصَةُ ؟
(٣) هَلْ هُوَ فِي جَنُوبِ اِفْرِيقِيَا ؟
(٤) مَنْ هُوَ ؟
(٥) هَلِ الْقِدْرُ عَلَى الْفُرْنِ ؟
(٦) إِلَى أَيْنَ الْخَيَّاطَةُ ذَاهِبَةٌ ؟
(٧) هَلِ الْخَادِمُ فِي الْبَيْتِ ؟
(٨) أَيْنَ الْكَعْبَةُ ؟
(٩) مِنْ أَيْنَ هُوَ قَادِمٌ ؟
(١٠) مَا اِسْمُهَا ؟

4. Re-arrange the following words in order to make meaningful sentences:

(١) قَادِمٌ ، أَنْتَ ، مِنْ ، أَيْنَ ، ؟
(٢) مِنْ ، اَلْمُدَرِّسُ ، أَيْنَ ، اَلْجَدِيدُ ، ؟
(٣) اَلنَّظِيفَةُ ، الدُّرْجِ ، فِي ، اَلْمِمْسَحَةُ ، ؟
(٤) اَلْمَطْبَخِ ، الثَّلاجَةُ ، فِي ، هَلْ ، ؟
(٥) مَكَّةَ ، اَلْكَعْبَةُ ، فِي ، الْمُكَرَّمَةِ
(٦) اَلْمَرْأَةُ ، إِلَى ، أَيْنَ ، ذَاهِبَةٌ ، ؟
(٧) فِي ، الطَّالِبُ ، السَّعِيدُ ، هَلِ ، اَلْفَصْلِ ؟
(٨) شَامِلٌ ، لَا ، اِسْمُهُ
(٩) اَلشَّرْقِ ، ذَاهِبٌ ، اَلْأُسْتَاذُ ، إِلَى
(١٠) هَلِ ، فِي ، شَمَالِ اِفْرِيقِيَا ، الْقَاهِرَةُ ، ؟

5. Correct the mistakes:

(١) مِنْ أَيْنَ هُوَ قَادِمَةٌ ؟
(٢) هَلْ فَاطِمَةُ كَرِيمٌ ؟

(٣) اَلْمُدَرِّسُ اللَّطِيفُ فِي الْفَصْلِ الْكَبِيرَةِ

(٤) اَلْكَعْبَةُ فِي مَكَّةُ

(٥) اَلسَّرِيرُ الْخَفِيفَةُ فِي الْغُرْفَةِ

(٦) اَلْمُجْتَهِدُ الْكَاتِبُ فِي الْمَكْتَبَةِ

(٧) اَلْوَلَدُ فِي الدَّرَّاجَةِ

(٨) إِلَى أَيْنَ الْمَرْأَةُ ذَاهِبٌ ؟

(٩) هٰذَا حَقِيبَةٌ قَدِيمَةٌ

(١٠) إِلَى اَيْنَ الْمُدِيرَةُ قَادِمَةٌ ؟

77

# The Dual

## اَلْمُثَنَّى

In Arabic there are three numbers, namely:
The singular اَلْمُفْرَدُ , the dual اَلْمُثَنَّى , the plural اَلْجَمْعُ .
The singular has already been dealt with in the first chapter.
This chapter will introduce the dual.

| | | | | اَلْمُفْرَدُ | | اَلْمُثَنَّى |
|---|---|---|---|---|---|---|
| 1. | a. | A door | بَابٌ | Two doors | بَابَانِ |
| | b. | The door | اَلْبَابُ | The two doors | اَلْبَابَانِ |
| 2. | a. | A window | نَافِذَةٌ | Two windows | نَافِذَتَانِ |
| | b. | The window | اَلنَّافِذَةُ | The two windows | اَلنَّافِذَتَانِ |

**Explanation:**

1. In order to formulate the dual, the number "two" is not used in Arabic. Instead, two letters are suffixed to the word concerned. The letters are "alif ا" and "nun ن"; the alif is a long vowel and the nun has a kasra.
2. The two combined form the sound "áni آنِ". It is observed that when a letter is suffixed to a "ta'marbuta ة" then this "ta'marbuta" changes to a "ta' maftuha ت", as seen in the second example.
3. When making the dual definite, the "اَلْ" need only be attached. No changes occur at the end of the word as was the

case when it was singular. For example: بَابٌ changes to اَلْبَابُ the " اَلْ " is attached and one "damma" is dropped.

4. **This form of the dual which ends in "ání آنِ " is used in the sentence as the subject.**

**Examples:**

| | | | | | |
|---|---|---|---|---|---|
| 1. | a. | An airport | مَطَارٌ | Two airports | مَطَارَانِ |
| | | the airport | اَلْمَطَارُ | The two airports | اَلْمَطَارَانِ |
| | b. | A factory | مَصْنَعٌ | Two factories | مَصْنَعَانِ |
| | | The factory | اَلْمَصْنَعُ | the two factories | اَلْمَصْنَعَانِ |
| | c. | A centre | مَرْكَزٌ | Two centres | مَرْكَزَانِ |
| | | The centre | اَلْمَرْكَزُ | The two centres | اَلْمَرْكَزَانِ |
| 2. | a. | A station | مَحَطَّةٌ | Two stations | مَحَطَّتَانِ |
| | | The station | اَلْمَحَطَّةُ | The two stations | اَلْمَحَطَّتَانِ |
| | b. | A clinic | عِيَادَةٌ | Two clinics | عِيَادَتَانِ |
| | | The clinic | اَلْعِيَادَةُ | The two clinics | اَلْعِيَادَتَانِ |
| | c. | A ship | سَفِينَةٌ | Two ships | سَفِينَتَانِ |
| | | The ship | اَلسَّفِينَةُ | The two ships | اَلسَّفِينَتَانِ |

**New Vocabulary:**

| | | | |
|---|---|---|---|
| A centre | مَرْكَزٌ | An airport | مَطَارٌ |
| A station | مَحَطَّةٌ | A donkey | حِمَارٌ |
| A bird | طَائِرٌ | A horse | حِصَانٌ |
| An ant | نَمْلَةٌ | A camel | جَمَلٌ |
| A question | سُؤَالٌ | Food | طَعَامٌ |

## Exercise 19:

1. Translate into Arabic:
   - a. Two pens
   - b. Two hotels
   - c. Two men
   - d. Two shops
   - e. Two servants
   - f. Two horses
   - g. Two libraries
   - h. Two donkeys
   - i. Two institutes
   - j. Two bells

2. Translate into English:

| | | | |
|---|---|---|---|
| (١) | اَلشَّرِكَتَانِ | (٦) | بُسْتَانَانِ |
| (٢) | اَلْعَامِلاَنِ | (٧) | اَلْمُخْتَبَرَانِ |
| (٣) | حَدِيقَتَانِ | (٨) | جَرَسَانِ |
| (٤) | خَادِمَتَانِ | (٩) | اَلشَّقَّتَانِ |
| (٥) | اَلشَّوْكَتَانِ | (١٠) | قَرْيَتَانِ |

3. Make the following definite:

(١) حَقِيبَتَانِ
(٢) نَمْلَتَانِ
(٣) مَكْتَبَتَانِ
(٤) ثَلَّاجَتَانِ
(٥) مُخْتَبَرَانِ
(٦) طَائِرَانِ
(٧) مَرْكَزَانِ
(٨) قَمِيصَانِ
(٩) خَيَّاطَتَانِ
(١٠) شُبَّاكَانِ

4. Change the following into the dual:

(١) سَفِينَةٌ
(٢) سَيَّارَةٌ
(٣) طَائِرَةٌ
(٤) حِمَارٌ
(٥) هِرٌّ
(٦) دَرَّاجَةٌ
(٧) حَافِلَةٌ
(٨) حِصَانٌ
(٩) كَلْبٌ
(١٠) جَمَلٌ

5. Give the singular of the following:

(١) خَبَّازَتَانِ
(٢) اَلنَّجَّارَانِ
(٣) مُؤَلِّفَانِ
(٤) اَلشَّاعِرَانِ
(٥) سَائِقَتَانِ
(٦) اَلطَّبَّاخَانِ
(٧) خَيَّاطَانِ
(٨) اَلْمُتَرْجِمَانِ
(٩) كَاتِبَانِ
(١٠) اَلْمُهَنْدِسَانِ

# The Adjectival Phrase: Dual

## اَلتَّعْبِيرُ النَّعْتِيُّ : اَلْمُثَنَّى

In Arabic the adjective must always agree with the noun in "gender = جِنْسٌ" and in "number = عَدَدٌ". So if the noun is dual, then the adjective has to be dual.

| اَلْإِنْكْلِيزِيَّةُ | | | اَلْعَرَبِيَّةُ |
|---|---|---|---|
| 1. | a. | Two days | يَوْمَانِ |
| | b. | Two rainy days | يَوْمَانِ مُمْطِرَانِ |
| | c. | The two rainy days | اَلْيَوْمَانِ الْمُمْطِرَانِ |
| 2. | a. | Two nights | لَيْلَتَانِ |
| | b. | Two hot nights | لَيْلَتَانِ حَارَّتَانِ |
| | c. | The two hot nights | اَللَّيْلَتَانِ اَلْحَارَّتَانِ |

**Explanation:**

1. We have already seen that the dual in Arabic ends in "ani = آنِ."
2. When an adjective follows a noun, the adjective agrees in number. That is why the adjectives "حَارٌّ" (hot) and "مُمْطِرٌ" (rainy) have "آنِ suffixed to them.

3. When the noun is indefinite, then the adjective must also be indefinite; when it is definite, then the adjective will also be definite e.g.

اَلْيَوْمَانِ الْمُمْطِرَانِ　　　يَوْمَانِ مُمْطِرَانِ

**Examples:**

1. a. Two rainy months — شَهْرَانِ مُمْطِرَانِ
   b. Two cold rivers — نَهْرَانِ بَارِدَانِ
   c. Two hot evenings — سَهْرَتَانِ حَارَّتَانِ
2. a. Two beautiful horses — حِصَانَانِ جَمِيلَانِ
   b. Two big camels — جَمَلَانِ كَبِيرَانِ
   c. Two ugly donkeys — حِمَارَانِ قَبِيحَانِ

**New Vocabulary:**

| | | | |
|---|---|---|---|
| A night | لَيْلَةٌ | A day | يَوْمٌ |
| Month | شَهْرٌ | Hot | حَارٌّ |
| Year | عَامٌ | Rainy | مُمْطِرٌ |
| Cold | بَارِدٌ | An evening | سَهْرَةٌ |
| A morning | صَبَاحٌ | An evening | مَسَاءٌ |

## Exercise 20:

1. Translate the following into Arabic:

| | | | |
|---|---|---|---|
| a. | Two happy servants | f. | Two short rulers |
| b. | Where are the two books? | g. | Two cold nights |
| c. | Two new pens | h. | The two clean desks |
| d. | The two inactive boys | e. | The two sincere men |
| e. | How are the two teachers? | j. | Two broken chairs |

2. Translate the following into English:

(١) أَيْنَ الْجَمَلَانِ ؟
(٢) لَيْلَتَانِ طَوِيلَتَانِ
(٣) اَلْكِتَابَانِ الْمُفِيدَانِ
(٤) شَرِكَتَانِ مَشْهُورَتَانِ
(٥) اَلْمَصْنَعَانِ الصَّغِيرَانِ
(٦) كَيْفَ الْوَلَدَانِ ؟
(٧) اَلْحِصَانَانِ الْكَبِيرَانِ
(٨) أَيْنَ الْمُدِيرَانِ النَّشِيطَانِ ؟
(٩) كَيْفَ الْمُعَلِّمَتَانِ الْجَدِيدَتَانِ ؟
(١٠) اَلسَّهْرَتَانِ الْمُمْطِرَتَانِ

3. Complete with suitable words:

(١) .................... اَلْمُخْلِصَتَانِ
(٢) كَيْفَ الْبِنْتَانِ .................... ؟
(٣) .................... اَلضَّعِيفَانِ
(٤) اَلْعَامَانِ ....................
(٥) أَيْنَ الْمُدِيرَتَانِ .................... ؟
(٦) .................... اَلتِّلْمِيذَانِ الْخَامِلَانِ ؟
(٧) مَعْهَدَانِ ....................
(٨) مَنِ الْمُدَرِّسَانِ .................... ؟
(٩) أَيْنَ الْكَلْبَانِ .................... ؟
(١٠) اَلْمَطَارَانِ ....................

4. Choose the correct adjective:

(١) اَلسَّهْرَتَانِ (اَلْمُمْطِرَتَانِ / مُمْطِرَانِ)
(٢) اَلْكَاتِبَانِ (اَلْمُخْلِصَتَانِ / اَلْمُخْلِصَانِ)
(٣) أَيْنَ الشَّاعِرَانِ (اَلْمَشْهُورَتَانِ / اَلْمَشْهُورَانِ) ؟

(٤) كَيْفَ الْوَلَدَانِ (اَلذَّكِيَّانِ / اَلْغَبِيَّتَانِ) ؟

(٥) اَلْمَرْأَتَانِ (اَلْمُسْلِمَانِ / اَلْمُسْلِمَتَانِ)

(٦) مَنِ الْأُسْتَاذَانِ (**الْأُنَيسَانِ / أُنَيسَتَانِ**) ؟

(٧) أَيْنَ الصَّدِيقَانِ (اَللَّطِيفَتَانِ / اَللَّطِيفَانِ) ؟

(٨) اَلنَّمْلَتَانِ (اَلصَّغِيرَتَانِ / اَلصَّغِيرَانِ)

(٩) اَلْمُخْتَبَرَانِ (جَدِيدَتَانِ / اَلْجَدِيدَانِ)

(١٠) اَلْمُحَاسِبَتَانِ (اَلْبَخِيلَتَانِ / اَلْكَرِيمَانِ)

5. Vocalize the following:

(١) هل الدفتران فى الدرج ؟

(٢) أين الحقيبتان الثقيلتان ؟

(٣) المسطرتان على المكتب

(٤) المنضدتان المكسورتان

(٥) المدرسان فى الفصل

(٦) كيف الطّالبتان الجديدتان ؟

(٧) الأستاذتان النشيطتان

(٨) الجامعتانِ الكبيرتان

(٩) التلميذتان المطيعتان في الصف

(١٠) الممسحتان الوسختان

## The Nominal Sentence: Dual

## اَلْجُمْلَةُ الاِسْمِيَّةُ : اَلْمُثَنَّى

In the nominal sentence اَلْجُمْلَةُ الاِسْمِيَّةُ, the predicate اَلْخَبَرُ must agree with the subject اَلْمُبْتَدَأُ , in gender اَلْجِنْسُ and in number اَلْعَدَدُ . Thus, if the subject is dual, then the predicate must also be dual. The predicate of the nominal sentence is always indefinite نَكِرَةٌ .

| اَلانْكلِيزِيَّة | | | اَلْعَرَبِيَّةُ |
|---|---|---|---|
| 1. | a. | Two just Muslims | مُسْلِمَانِ عَادِلَانِ |
| | b. | The two just Muslims | اَلْمُسْلِمَانِ الْعَادِلَانِ |
| | c. | The two Muslims are just. | اَلْمُسْلِمَانِ عَادِلَانِ |
| 2. | a. | Two truthful believers | مُؤْمِنَتَانِ صَادِقَتَانِ |
| | b. | The two truthful believers | اَلْمُؤْمِنَتَانِ الصَّادِقَتَانِ |
| | c. | The two believers are truthful. | اَلْمُؤْمِنَتَانِ صَادِقَتَانِ |

**Explanation:**

1. The first two examples of 1. and 2. are adjectival phrases - the indefinite is followed by the definite - where the adjective الصِّفَةُ agrees with the noun described اَلْمَوْصُوفُ in gender and in number.

2. The last examples of 1. and 2. are nominal sentences where the subject is definite and the predicate indefinite. Both the subject and the predicate end in " آنِ ".
3. The first group of examples is مُذَكَّرٌ (masculine) and the second group is مُؤَنَّثٌ (feminine).

**Examples:**

| | | | |
|---|---|---|---|
| 1. | a. | The two institutes are open. | اَلْمَعْهَدَانِ مَفْتُوحَانِ |
| | b. | The two mosques are clean. | اَلْمَسْجِدَانِ نَظِيفَانِ |
| | c. | The two friends are obedient. | اَلصَّدِيقَانِ مُطِيعَانِ |
| | d. | The two enemies are present. | اَلْعَدُوَّانِ مَوْجُودَانِ |
| | e. | The two workers are absent. | اَلْعَامِلَانِ غَائِبَانِ |
| 2. | a. | The two ladies are Muslims. | اَلْمَرْأَتَانِ مُسْلِمَتَانِ |
| | b. | The two students are friendly. | اَلطَّالِبَتَانِ أَنِيسَتَانِ |
| | c. | The two mothers are polite. | اَلْوَالِدَتَانِ مُهَذَّبَتَانِ |
| | d. | The two windows are open. | اَلنَّافِذَتَانِ مَفْتُوحَتَانِ |
| | e. | The two universities are closed. | اَلْجَامِعَتَانِ مُغْلَقَتَانِ |

**New Vocabulary:**

| | | | |
|---|---|---|---|
| A believer | مُؤْمِنٌ | Truthful | صَادِقٌ |
| An enemy | عَدُوٌّ | Absent | غَائِبٌ |
| Present | مَوْجُودٌ | Open | مَفْتُوحٌ |
| Close | مُغْلَقٌ | Just | عَادِلٌ |
| Well-mannered | مُؤَدَّبٌ | Early | مُبَكِّرٌ |

**Exercise 21:**

1. Translate into Arabic:
   - a. Where are the two schools?
   - b. Are the two universities open?
   - c. The two dogs are small.
   - d. The two cups are broken.
   - e. Are the two cooks (f) happy?
   - f. The two pupils are absent.
   - g. Who are the two inactive servants?
   - h. The two Muslims are in Medina.
   - i. Where are the two well-mannered students?
   - j. The two camels are strong.

2. Translate into English:

(١) اَلْعَدُوَّتَانِ مَوْجُودَتَانِ

(٢) مَنِ الْمُدَرِّسَتَانِ الْمُهَذَّبَتَانِ ؟

(٣) كَيْفَ الصَّدِيقَانِ الْجَدِيدَانِ ؟

(٤) نَعَمْ ، اَللُّغَتَانِ صَعْبَتَانِ

(٥) أَيْنَ الشَّقَّتَانِ الْقَدِيمَتَانِ ؟

(٦) أَيْنَ الْمُعَلِّمَانِ الصَّادِقَانِ ؟

(٧) اَلْمُسْلِمَتَانِ فِي مَكَّةَ

(٨) هَلِ الْمُدَرِّسَتَانِ فِي الْمُخْتَبَرِ ؟

(٩) لَا ، اَلْبِنْتَانِ نَشِيطَتَانِ

(١٠) عِنْدَهُ سَاعَتَانِ رَخِيصَتَانِ

3. Change the following to the dual:

(١) هَلِ الدُّكَّانُ مَفْتُوحٌ ؟
(٢) أَيْنَ السُّوقُ الْكَبِيرَةُ ؟
(٣) كَيْفَ الطِّفْلُ الْمُطِيعُ ؟
(٤) مَنِ الْكَاتِبَةُ الْمَشْهُورَةُ ؟
(٥) نَعَمْ ، اَلْمَطْبَخُ نَظِيفٌ
(٦) اَلدُّولَابُ مُغْلَقٌ
(٧) اَلْعِيَادَةُ الْكَبِيرَةُ
(٨) اَلْأُمُّ نَشِيطَةٌ
(٩) اَلْمُمَرِّضَةُ الْغَائِبَةُ
(١٠) لَا ، اَلْغُرْفَةُ وَسِخَةٌ

4. Re-arrange the following words in the correct sequence in order to make meaningful sentences:

(١) فِي ، اَلطَّبِيبَانِ ، الْعِيَادَةِ ، اَلْمُتَوَاضِعَانِ ، هَلِ ، ؟
(٢) اَلْبَيْتِ ، اَلْمُجْتَهِدَتَانِ ، فِي ، اَلْوَالِدَتَانِ
(٣) اَلْحَلَّاقَتَانِ ، اَلسُّوقِ ، إِلَى ، ذَاهِبَتَانِ
(٤) اَلْقَدِيمَانِ ، عَلَى ، اَلْمِلَفَّانِ ، اَلْمَكْتَبِ ، هَلِ ، ؟
(٥) اَلْمَكْسُورَانِ ، اَلدُّرْجِ ، اَلْمِفْتَاحَانِ ، فِي ، اَلْكَبِيرِ
(٦) أَيْنَ ، قَادِمَانِ ، الشَّاعِرَانِ ، مِنْ ، ؟
(٧) اَلْمَطْبَخِ ، لَا ، الطَّبَّاخَانِ ، فِي ، اَلْمُمْتَازَانِ ، الصَّغِيرِ
(٨) اَلْأَنِيسَتَانِ ، صَادِقَتَانِ ، نَعَمْ ، اَلْأُخْتَانِ
(٩) إِلَى ، اَلْمُدِيرَانِ ، أَيْنَ ، اَلْجَدِيدَانِ ، ذَاهِبَانِ ، ؟
(١٠) عَلَى ، هَلْ ، حَقِيبَتُكَ ، الرَّفِّ ، ؟

5. Complete the following with suitable predicates choosen from the words given in brackets:

(مَفْتُوحَتَانِ ، نَظِيفَانِ ، مُغْلَقَانِ ، سَهْلَانِ ، مُغْلَقَانِ ، كَبِيرَتَانِ ، ذَكِيَّتَانِ ،

مُجْتَهِدَتَانِ ، مَكْسُورَانِ ، صَغِيرَتَانِ)

(١)   اَلدَّرْسَانِ ..............

(٢)   اَلْخَبَّازَانِ ..............

(٣)   اَلْمَطْبَخَانِ ..............

(٤)   اَلْجَامِعَتَانِ ..............

(٥)   اَلطَّائِرَتَانِ ..............

(٦)   اَلشَّارِعَانِ ..............

(٧)   اَلْجَزِيرَتَانِ ..............

(٨)   اَلدُّرْجَانِ ..............

(٩)   اَلشَّاعِرَتَانِ ..............

(١٠)  اَلطَّالِبَتَانِ ..............

90

## The Sound Masculine Plural

جَمْعُ الْمُذَكَّرِ السَّالِمُ

In Arabic there are three types of plural:

| | |
|---|---|
| Sound Masculine Plural | جَمْعُ الْمُذَكَّرِ السَّالِمُ |
| Sound Feminine Plural | جَمْعُ الْمُؤَنَّثِ السَّالِمُ |
| Broken Plural | جَمْعُ التَّكْسِيرِ |

This lesson will deal with the sound masculine plural (S.M.P.) only, referred to as a "sound plural" because it has a fixed pattern. Arabic, as English, has various ways of making nouns plural. The pattern of the S.M.P., whether nouns or adjectives, is determined by special suffixes.

| | Sing. | Dual | S.M.P. |
|---|---|---|---|
| **Indef.** | مُعَلِّمٌ<br>A teacher | مُعَلِّمَانِ<br>Two teachers | مُعَلِّمُونَ<br>Teachers |
| **Def.** | اَلْمُعَلِّمُ<br>The teacher | اَلْمُعَلِّمَانِ<br>The two teachers | اَلْمُعَلِّمُونَ<br>The teachers |

**Explanation:**

1. In the block are examples of the word "teacher" given in its مُفْرَدٌ (singular), مُثَنَّى (dual) and جَمْعُ المُذَكَّرِ السَّالِمُ (sound masculine plural) forms. Only the masculine gender is given.
2. Under the S.M.P., the Arabic word is suffixed by a و (wáw) and a ن (nún) which give the sound نُون (úna). We thus have اَلْمُعَلِّمُونَ .
3. Notice that there are no changes at the end of the word when the " اَلْ " is prefixed to it اَلْمُعَلِّمُونَ .

**Note:**

Only some of the nouns and adjectives follow the S.M.P. pattern. But most nouns and adjectives follow the Broken Plural pattern.

**Examples:**

| | | | |
|---|---|---|---|
| | مُسَافِرٌ | مُسَافِرَانِ | مُسَافِرُونَ |
| 1. | A traveller | Two travellers | Travellers |
| | طَبَّاخٌ | طَبَّاخَانِ | طَبَّاخُونَ |
| 2. | A cook | Two cooks | cooks |
| | مُسْتَمِعٌ | مُسْتَمِعَانِ | مُسْتَمِعُونَ |
| 3. | A listener | Two listeners | Listeners |
| | اِفْرِيقِيٌّ | اِفْرِيقِيَّانِ | اِفْرِيقِيُّونَ |
| 4. | An African | Two Africans | Africans |
| | أَمْرِيكِيٌّ | أَمْرِيكِيَّانِ | أَمْرِيكِيُّونَ |
| 5. | An American | Two Americans | Americans |

**New Vocabulary:**

| | | | |
|---|---|---|---|
| An African | إِفْرِيقِيٌّ | A speaker | مُتَكَلِّمٌ |
| A listener | مُسْتَمِعٌ | A hypocrite | مُنَافِقٌ |
| An Arab | عَرَبِيٌّ | An emigrant | مُهَاجِرٌ |
| A traveller | مُسَافِرٌ | A disbeliever | كَافِرٌ |
| An American | أَمْرِيكِيٌّ | An Indian | هِنْدِيٌّ |

**Note:**
The S.M.P., like the singular and the dual, can be used with interrogative particles. The particle = اَلْأَدَاةُ usually comes before the noun it refers to, e.g.

| | |
|---|---|
| Who are the travellers? | مَنِ الْمُسَافِرُونَ ؟ |
| Are the Muslims in the mosque? | هَلِ الْمُسْلِمُونَ فِي الْمَسْجِدِ ؟ |

**Exercise 22:**

1. Translate into Arabic:
   a. The hypocrites
   b. Emigrants
   c. Disbelievers
   d. The sincere listeners
   e. Who are the authors?
   f. Where are the nurses (m)?
   g. Who are the speakers?
   h. Are the cooks in the kitchen?
   i. Engineers
   j. The principals

2. Translate into English:

(١) اَلْمُهَاجِرُونَ

(٢) مَنِ الْمُسْتَمِعُونَ ؟

(٣) مُهَنْدِسُونَ

(٤) هَلِ الْمُمَرِّضُونَ فِي الْعِيَادَةِ ؟

(٥) اَلصَّحَفِيُّونَ

(٦) أَيْنَ الصَّادِقُونَ ؟

(٧) مِنْ أَيْنَ الْمُدَرِّسُونَ ؟

(٨) هَلِ الْمُتَرْجِمُونَ فِي الْمُخْتَبَرِ ؟

(٩) اَلنَّجَّارُونَ فِي الْمَصْنَعِ

(١٠) اَلْمُسَافِرُونَ فِي الْمَطَارِ

3. Change the following to the S.M.P.:

(١) مُنَافِقَانِ

(٢) اَلْهِنْدِيُّ

(٣) كَيْفَ الْخَادِمُ ؟

(٤) أَيْنَ الْحَلَّاقُ ؟

(٥) مَنِ الْأَمْرِيكِيُّ ؟

(٦) كَافِرٌ

(٧) أَيْنَ الْمُؤْمِنُ ؟

(٨) مَنِ الْمُعَلِّمُ ؟

(٩) اِفْرِيقِيٌّ

(١٠) كَيْفَ حَالُ الْمُؤَلِّفِ ؟

4. Make the following plurals definite:

(١) مُسْتَمِعُونَ

(٢) مُؤْمِنُونَ

(٣) مُخْلِصُونَ

(٤) مُهَنْدِسُونَ

(٥) فَلَّاحُونَ

(٦) مُسْلِمُونَ

(٧) مُمْتَازُونَ

(٨) مُطِيعُونَ

(٩) طَبَّاخُونَ

(١٠) خَبَّازُونَ

5. Give the singular and the dual of the following:

(١) أَيْنَ الصَّادِقُونَ ؟

(٢) كَيْفَ الْوَالِدُونَ ؟

(٣) لاَ ، اَلْمُحَاضِرُونَ فِي الْجَامِعَةِ

(٤) اَلْمُهَذَّبُونَ

(٥) نَعَمْ ، اَلْمُدَرِّسُونَ فِي الْمَدْرَسَةِ

(٦) مَنِ الْعَامِلُونَ ؟

(٧) هَلِ السَّائِقُونَ فِي السَّيَّارَةِ ؟

(٨) مِنْ أَيْنَ الْمُسْتَمِعُونَ ؟

(٩) مُنَافِقُونَ

(١٠) اَلْمُسَافِرُونَ فِي الْقَاهِرَةِ

# The Adjectival Phrase: Sound Masc. Pl.

## اَلتَّعْبِيرُ النَّعْتِيُّ : جَمْعُ الْمُذَكَّرِ السَّالِمُ

As in the singular and the dual, an adjectival phrase can be formulated in the plural as well. The adjective must agree in gender, number and whether it is indefinite or definite.

| اَلْانْكْلِيزِيَّة | | | اَلْعَرَبِيَّة |
|---|---|---|---|
| 1. | a. | An excellent cook | طَبَّاخٌ مُمْتَازٌ |
| | b. | Two excellent cooks | طَبَّاخَانِ مُمْتَازَانِ |
| | c. | Excellent cooks | طَبَّاخُونَ مُمْتَازُونَ |
| 2. | a. | The excellent cook | الطَّبَّاخُ الْمُمْتَازُ |
| | b. | The two excellent cooks | اَلطَّبَّاخَانِ الْمُمْتَازَانِ |
| | c. | The excellent cooks | اَلطَّبَّاخُونَ الْمُمْتَازُونَ |

**Explanation:**

1. Indefinite phrases of the singular, dual and plural are given in group 1.
2. Group 2 contains definite phrases.
3. It is thus important to note that the adjective takes the "úna = ُونَ " in conformity with the pattern of the subject it refers to, e.g.:
   The excellent cooks اَلطَّبَّاخُونَ الْمُمْتَازُونَ

**Examples:**

1. Indefinite S.M.P.:

   a. Industrious workers     عَامِلُونَ مُجْتَهِدُونَ

   b. Skilful engineers     مُهَنْدِسُونَ مَاهِرُونَ

   c. Cunning unbelievers     كَافِرُونَ مَاكِرُونَ

2. Definite S.M.P.:

   a. The successful employees     اَلْمُوَظَّفُونَ النَّاجِحُونَ

   b. (The) many tailors     اَلْخَيَّاطُونَ الْكَثِيرُونَ

   c. The honest servants     اَلْخَادِمُونَ الصَّالِحُونَ

**New Vocabulary:**

| | | | |
|---|---|---|---|
| Honest | صَالِحٌ | Successful | نَاجِحٌ |
| A partner | شَرِيكٌ | Cunning | مَاكِرٌ |
| An employee | مُوَظَّفٌ | A guide | مُرْشِدٌ |
| Skilful | مَاهِرٌ | Many | كَثِيرٌ |
| A player | لَاعِبٌ | Late | مُتَأَخِّرٌ |

## Exercise 23:

1. Translate into Arabic:
   - a. Where are the honest guides?
   - b. Who are the skilful engineers?
   - c. From where are the polite travellers?
   - d. The sincere Muslims are in the mosque.
   - e. Good listeners
   - f. The truthful guides
   - g. Are the excellent cooks in the kitchen?
   - h. Polite players
   - i. The just believers are in the house.
   - j. The famous guides

2. Translate into English:

(١) أَيْنَ النَّجَّارُونَ الْمَاهِرُونَ ؟

(٢) اَلْمُسَافِرُونَ فِي الطَّائِرَةِ

(٣) كَيْفَ الْمُؤْمِنُونَ الْعَادِلُونَ ؟

(٤) مَنِ الْمُدِيرُونَ الْكَثِيرُونَ ؟

(٥) اَلْحَلَّاقُونَ الْغَائِبُونَ

(٦) مِنْ أَيْنَ الْمُهَنْدِسُونَ ؟

(٧) اَلْخَبَّازُونَ حَاضِرُونَ

(٨) مُدَرِّسُونَ نَاجِحُونَ

(٩) أَيْنَ الْمَاكِرُونَ ؟

(١٠) اَلْمُمَرِّضُونَ الْمَاهِرُونَ فِي الْعِيَادَةِ

3. Choose the correct word in brackets:

(١) اَلْمُدِيرُونَ (اَلْمُجْتَهِدَتَانِ / اَلْمُجْتَهِدُونَ)

(٢) أَيْنَ الْمُتَرْجِمُونَ (الْمَاهِرُونَ / اَلْمَاهِرَةُ) ؟

(٣) مَنِ الْفَلَّاحُونَ (النَّاجِحَانِ / اَلنَّاجِحُونَ) ؟

(٤) كَيْفَ اَلْمُسْلِمُونَ (اَلْمُطِيعُونَ / اَلْمُطِيعَةُ) ؟

(٥) اَلْمُوَظَّفُونَ (النَّشِيطَانِ / الْخَامِلُونَ)

(٦) مِنْ أَيْنَ الْمُسَافِرُونَ (اَلْمُخْلِصُونَ / اَلْمُسْلِمَانِ) ؟

(٧) اَلْمُهَنْدِسُونَ (اَلْغَائِبَانِ / مَوْجُودُونَ)

(٨)    مَنِ اَلْخَيَّاطُونَ (الصَّالِحَةُ / الصَّالِحُونَ) ؟

(٩)    اَلْحَلَّاقُونَ (الْأَمْرِيكِيُّونَ / الْافْرِيقِيَّانِ)

(١٠)    اَلْمُؤَلِّفُونَ (اَلْمَوْجُودُ / اَلْافْرِيقِيُّونَ)

4. Give the plural of the following:

(١)    مُوَظَّفَانِ نَشِيطَانِ

(٢)    اَلْمُهَنْدِسَانِ اَلْمَاهِرَانِ

(٣)    اَلْحَلَّاقُ اَلْمُسْلِمُ

(٤)    أَمْرِيكِيٌّ مُؤْمِنٌ

(٥)    شَرِيكٌ اِفْرِيقِيٌّ

(٦)    اَلْمُؤْمِنُ الصَّالِحُ

(٧)    مِنْ أَيْنَ اَلْمُسَافِرُ ؟

(٨)    كَيْفَ حَالُ الْوَالِدِ ؟

(٩)    مَنِ النَّجَّارُ اَلْمَاكِرُ ؟

(١٠)    أَيْنَ الْمُعَلِّمُ الْمُجْتَهِدُ ؟

5. Vocalize the following:

(١)    أين المدرّسون المجتهدون ؟

(٢)    الخادمون المتأخرون

(٣)    الأجنبيّان المنافقان

(٤)    من أين الزائرون الناجحون ؟

(٥)    من المستمعون الماهرون ؟

(٦)    المتكلّمون الصّالحون

(٧)    هل المهندستان ماهرتان ؟

(٨)    إلى أين المسافرتان ذاهبتان ؟

(٩)    موظّفون ممتازون في الشركة

(١٠)    هل الشريك المجتهد فى المكتب ؟

# The Nominal Sentence: Sound Masc. Pl.

## اَلْجُمْلَةُ الْاِسْمِيَّةُ : جَمْعُ الْمُذَكَّرِ السَّالِمُ

In two earlier chapters, examples of the "nominal sentence" in its singular and dual form were studied. This chapter will show the usage of the "nominal sentence" in its plural-form.

| اَلْاِنْكْلِيزِيَّةُ | اَلْعَرَبِيَّةُ |
|---|---|
| 1. Present visitors | زَائِرُونَ حَاضِرُونَ |
| 2. The present visitors | اَلزَّائِرُونَ الْحَاضِرُونَ |
| 3. The visitors are present. | اَلزَّائِرُونَ حَاضِرُونَ |

**Explanation:**

1. In example 1 and 2, "adjectival phrases" in their plural-form are given.
2. In example 3, a "nominal sentence" in its plural-form is presented.
   The grammatical principles found here are the same as those seen in the singular and dual. The subject اَلزَّائِرُونَ is definite and its predicate حَاضِرُونَ is indefinite. Both are masculine and plural.

**Examples:**

| | | |
|---|---|---|
| 1. | The teachers are outstanding. | اَلْمُعَلِّمُونَ فَاضِلُونَ |
| 2. | The players are good. | اَللَّاعِبُونَ طَيِّبُونَ |
| 3. | The tailors are skilful. | اَلْخَيَّاطُونَ مَاهِرُونَ |
| 4. | The hypocrites are cunning. | اَلْمُنَافِقُونَ مَاكِرُونَ |
| 5. | The workers are hardworking. | اَلْعَامِلُونَ مُجْتَهِدُونَ |

**New Vocabulary:**

| | | | |
|---|---|---|---|
| Present | حَاضِرٌ | Outstanding | فَاضِلٌ |
| Neglectful | غَافِلٌ | A Saudi | سَعُودِيٌّ |
| Angry | غَاضِبٌ | An inspector | مُفَتِّشٌ |
| A South African | جَنُوبُ اِفْرِيقِيٌّ | Sleeping | نَائِمٌ |
| Serious | مُجِدٌّ | An Egyptian | مِصْرِيٌّ |

**Exercise 24:**

1. Translate into Arabic
   a. The Saudis are present.
   b. Are the South Africans good?
   c. The employees are polite.
   d. From where are the honest inspectors?
   e. The teachers are angry.

f. The guides are famous.
g. Are the workers polite?
h. The carpenters are neglectful.
i. The listeners are translators.
j. Where are the famous authors?

2. Translate into English:

(١) اَلْجَنُوبُ اِفْرِيقِيُّونَ فِي مَكَّةَ
(٢) هَلِ الْمُنَافِقُونَ غَائِبُونَ ؟
(٣) اَلْمُدَرِّسُونَ فَاضِلُونَ
(٤) اَلْمُفَتِّشُونَ عَادِلُونَ
(٥) مِنْ أَيْنَ الزَّائِرُونَ الْحَاضِرُونَ ؟
(٦) مَنِ الْعَامِلُونَ الْغَافِلُونَ ؟
(٧) اَلْمُؤَلِّفُونَ مَشْهُورُونَ
(٨) اَلْمُرْشِدُونَ الْمَاهِرُونَ مُسْلِمُونَ
(٩) اَلْمُسْلِمُونَ صَالِحُونَ
(١٠) اَلْمُعَلِّمُونَ غَاضِبُونَ

3. Change the following to the plural form:

(١) هَلِ الْمِصْرِيُّ غَائِبٌ
(٢) مَنِ الزَّائِرُ الْفَاضِلُ ؟
(٣) اَلْمُشْرِكُ حَاضِرٌ
(٤) اَلْمُؤْمِنُ مُهَذَّبٌ
(٥) اَلْخَبَّازَانِ نَظِيفَانِ
(٦) نَعَمْ ، اَلْمُسْتَمِعُ غَافِلٌ
(٧) لَا ، اَلْمُحَاضِرُ مُمْتَازٌ
(٨) اَلْمُسَافِرَانِ مِنْ جَنُوبِ اِفْرِيقِيَا
(٩) إِلَى أَيْنَ الْمُسْلِمُ ذَاهِبٌ ؟
(١٠) اَلْمُفَتِّشُ الصَّالِحُ مَوْجُودٌ

4. Fill in the blanks:

(١) اَلْمُطِيعُونَ ..........
(٢) أَيْنَ .......... الْمَاكِرُونَ ؟
(٣) اَلْمُسَافِرُونَ .......... الْقَاهِرَةِ
(٦) اَلْمُفَتِّشُونَ .......... غَائِبُونَ
(٧) مَنِ الْمُرْشِدُونَ .......... ؟
(٨) مَنِ .......... الزَّائِرُونَ ؟

(٤) لَا ، .......... مُخْلِصُونَ

(٥) .......... نَائِمُونَ

(٩) نَعَمْ ، .......... مَاهِرُونَ

(١٠) اَللَّاعِبُونَ ..........

5. Vocalize:

(١) هل التلميذ الذكي في المدرسة ؟

(٢) من المدرسون الناجحون ؟

(٣) الزائرون المخلصون من جنوب افريقيا

(٤) إلى أين المرشدان الفاضلان ذاهبان ؟

(٥) المستمع الممتاز فى المختبر

(٦) هل العاملون النشيطون فى المصنع ؟

(٧) لا ، المسافرون قادمون من المدينة المنورة

(٨) أين الخادمون المطيعون ؟

(٩) المديرون النشيطون في الغرفة

(١٠) المحاضرون عادلون

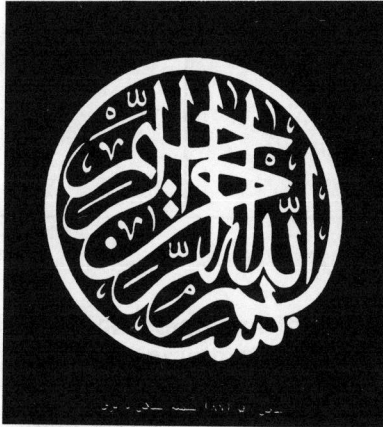

# The Sound Feminine Plural

## جَمْعُ اَلْمُؤَنَّثِ السَّالِمُ

The sound plural is divided into جَمْعُ اَلْمُذَكَّرِ السَّالِمُ (the sound masculine plural) and جَمْعُ اَلْمُؤَنَّثِ السَّالِمُ (the sound feminine plural). This chapter deals with the latter group (S.F.P.).

| اَلْاِنْكْلِيزِيَّة | | | اَلْعَرَبِيَّة |
|---|---|---|---|
| 1. | a. | A servant | خَادِمَةٌ |
| | b. | The servant | اَلْخَادِمَةُ |
| 2. | a. | Two servants | خَادِمَتَانِ |
| | b. | The two servants | اَلْخَادِمَتَانِ |
| 3. | a. | Servants | خَادِمَاتٌ |
| | b. | The servants | اَلْخَادِمَاتُ |

**Explanation:**

1. In the first group of examples, the indefinite and definite singular forms of the feminine noun خَادِمَةٌ are given.
2. The dual of خَادِمَةٌ in its indefinite and definite forms is given in the second group of examples.

3. The last group has the sound feminine plural in its indefinite and definite forms. The S.F.P. is suffixed i.e. added at the end of the word, by the letters ا (alif) and ت (ta) respectively.
4. Note that the "alif" is preceded by a "fatha" letter, and the "ta'maftuha" takes a dammatayn indicating indefiniteness. The definite form, therefore, loses a damma and is prefixed by an "Al".
5. The ة (ta'marbuta) changes into a ت (ta'maftuha) when the feminine word changes to the dual or S.F.P.

**Examples:**

|  | مُوَظَّفَةٌ | مُوَظَّفَتَانِ | مُوَظَّفَاتٌ |
|---|---|---|---|
| 1. | An employee | Two employees | Employees |
|  | عَامِلَةٌ | عَامِلَتَانِ | عَامِلَاتٌ |
| 2. | A worker | Two workers | Workers |
|  | سَيِّدَةٌ | سَيِّدَتَانِ | سَيِّدَاتٌ |
| 3. | A lady | Two ladies | Ladies |
|  | مُفَتِّشَةٌ | مُفَتِّشَتَانِ | مُفَتِّشَاتٌ |
| 4. | An inspectress | Two inspectresses | Inspectresses |
|  | مُشْرِكَةٌ | مُشْرِكَتَانِ | مُشْرِكَاتٌ |
| 5. | A polytheist | Two polytheists | Polytheists |

**New Vocabulary:**

| | | | |
|---|---|---|---|
| A lady | سَيِّدَةٌ | Sitting | جَالِسٌ |
| An accused | مُتَّهَمٌ | Smiling | مُبْتَسِمٌ |
| A governor | حَاكِمٌ | Thankful | شَاكِرٌ |
| A family | عَائِلَةٌ | A polytheist | مُشْرِكٌ |

**Exercise 25:**

1. Translate into Arabic:
   a. The professors (f)
   b. Two friends (f)
   c. The two teachers (f)
   d. Hypocrites (f)
   e. A principal (f)
   f. A guide (f)
   g. A lady (f)
   h. The listeners (f)
   i. Two servants (f)
   j. The two lecturers (f)

(١) مَنِ الْمُنَافِقَتُ؟
(٢) هَلْ هِيَ الْحَاكِمَةُ ؟
(٣) اَلصَّدِيقَتَانِ
(٤) كَيْفَ الْوَالِدَةُ ؟
(٥) اَلتِّلْمِيذَةُ
(٦) أَيْنَ الْمُسْلِمَةُ
(٧) كَاتِبَةٌ
(٨) اَلْخَيَّاطَةُ
(٩) اَلطَّالِبَةُ
(١٠) مَنِ الزَّائِرَةُ ؟

3. Choose the correct plural form:

| | | | |
|---|---|---|---|
| (١) | اَلْأُسْتَاذَةُ | ج | (اَلْأَسَاتِذَةُ / اَلْأُسْتَاذَاتُ) |
| (٢) | اَلشَّاعِرَةُ | ج | (اَلشَّاعِرَاتُ / الشُّعَرَاءُ) |
| (٣) | اَلْمُخْلِصُ | ج | (اَلْمُخْلِصَاتُ / اَلْمُخْلِصُونَ) |
| (٤) | خَادِمٌ | ج | (اَلْخَادِمُونَ / خَادِمُونَ) |
| (٥) | اَلْكَاتِبَةُ | ج | (اَلْكُتَّابُ / اَلْكَاتِبَاتُ) |
| (٦) | اَلْمُهَنْدِسُ | ج | (مُهَنْدِسَاتٌ / اَلْمُهَنْدِسُونَ) |
| (٧) | ذَكِيَّةٌ | ج | (ذَكِيَّاتٌ / أَذْكِيَاءُ) |
| (٨) | اَلْمُسْلِمَةُ | ج | (اَلْمُسْلِمُونَ / اَلْمُسْلِمَاتُ) |
| (٩) | صَالِحٌ | ج | (اَلصَّالِحُونَ / صَالِحُونَ) |
| (١٠) | اَلْمُدَرِّسَةُ | ج | (اَلْمُدَرِّسَاتُ / اَلْمُدَرِّسُونَ) |

4. Complete the following table:

| جَمْعٌ | مُثَنًّي | مُفْرَدٌ |
|---|---|---|
| ............ | ............ | عَادِلَةٌ |
| اَلنَّجَّارُون | ............ | ............ |
| ............ | اَلطَّالِبَتَانِ | ............ |
| ............ | ............ | فَاضِلٌ |
| مُحَاضِرَاتٌ | ............ | ............ |

5. Vocalize the following:

(١) من أين قادمة المؤمنة ؟

(٢) من المحاضرات ؟

(٣) الأُستاذات في الجامعة

(٤) من الزّائرتان المخلصتان ؟

(٥) المستمعان في الشّركة

(٦) هل الموظّفون مسلمون ؟

(٧) المدرّسات في الفصل

(٨) أين المفتّشون العادلون ؟

(٩) إلى أين الزّعيمان ذاهبان ؟

(١٠) المترجمات في المختبر

# The Adjectival Phrase: Sound Fem. Pl.

اَلتَّعْبِيرُ النَّعْتِيُّ : جَمْعُ الْمُؤَنَّثِ السَّالِمُ

The same grammatical rules of the sound feminine plural are found here too.

| اَلْاِنْكْلِيزِيَّةُ | | | اَلْعَرَبِيَّةُ |
|---|---|---|---|
| 1. | a. | An outstanding lecturer (f) | مُحَاضِرَةٌ فَاضِلَةٌ |
| | b. | Two ourstanding lecturers | مُحَاضِرَتَانِ فَاضِلَتَانِ |
| | c. | Outstanding Lecturers | مُحَاضِرَاتٌ فَاضِلَاتٌ |
| 2. | a. | The outstanding lecturer | اَلْمُحَاضِرَةُ الْفَاضِلَةُ |
| | b. | The two outstanding lecturers | اَلْمُحَاضِرَتَانِ الْفَاضِلَتَانِ |
| | c. | The outstanding lecturers | اَلْمُحَاضِرَاتُ الْفَاضِلَاتُ |

**Explanation:**

1. In example 1, the adjectival phrases are in their indefinite form of the singular, dual and plural.
2. In example 2, the adjectival phrases are in their definite form of the singular, dual and plural.
3. The adjective, as can be observed in the examples, must agree with the noun it describes in gender and in number.

109

**Examples:**

1. Indefinte S.F.P.:
    - a. Excellent authors — مُؤَلِّفَاتٌ مُمْتَازَاتٌ
    - b. Industrious students — طَالِبَاتٌ مُجْتَهِدَاتٌ
    - c. Respectful pupils — تِلْمِيذَاتٌ مُحْتَرَمَاتٌ
2. a. Definite S.F.P.:
    - a. The sincere foreigners — اَلْأَجْنَبِيَّاتُ الْمُخْلِصَاتُ
    - b. The just partners — اَلشَّرِيكَاتُ الْعَادِلَاتُ
    - c. The friendly girls — اَلْبَنَاتُ الْأَنِيسَاتُ

**New Vocabulary:**

| | | | |
|---|---|---|---|
| A criminal | مُجْرِمٌ | Respectful | مُحْتَرَمٌ |
| A foreigner | أَجْنَبِيٌّ | Sick | مَرِيضٌ |
| A grandfather | جَدٌّ | Busy | مَشْغُولٌ |
| Waiting | مُنْتَظِرٌ | Standing | قَائِمٌ |
| A Libyan | لِيبِيٌّ | A Tunisian | تُونُسِيٌّ |

## Exercise 26:

1. Translate into Arabic:
   - a. The clever criminals (f)
   - b. Inactive workers (f)
   - c. Two successful students (f)
   - d. The hardworking doctors (f)
   - e. Two cooks (f)
   - f. Respectful ladies
   - g. A beautiful girl
   - h. The angry mother
   - i. Two sad sisters
   - j. Honest believers (f)

2. Translate into English:

(١) أَيْنَ الْمُجْرِمَاتُ الْكَافِرَاتُ ؟

(٢) اَلْمُسْلِمَاتُ الْمَشْغُولَاتُ

(٣) أَيْنَ الْجَدَّاتُ الْأَنِيسَاتُ ؟

(٤) مِنْ أَيْنَ الْخَبَّازَاتُ ؟

(٥) كَيْفَ حَالُ اللَّاعِبَاتِ الْفَاضِلَاتِ ؟

(٦) اَلْمُشْرِكَاتُ غَبِيَّاتٌ

(٧) مُهَنْدِسَاتٌ أَجْنَبِيَّاتٌ

(٨) الطَّبِيبَاتُ الْمُحْتَرَمَاتُ فِي الْعِيَادَةِ

(٩) اَلْمُدِيرَاتُ الْبَخِيلَاتُ

(١٠) اَلْوَالِدَاتُ اللَّطِيفَاتُ

3. Change the following phrases to the plural:

(١) أَجْنَبِيَّةٌ مُحْتَرَمَةٌ

(٢) مُشْرِكَةٌ مَاكِرَةٌ

(٣) اَلْجَنُوبُ إِفْرِيقِيُّ الصَّالِحُ

(٤) اَلْمُهَنْدِسَةُ الْمُجِدَّةُ

(٥) اَلْبِنْتُ اللَّطِيفَةُ

(٦) حَلَّاقَةٌ مَاهِرَةٌ

(٧) لِيبِيٌّ مُجْتَهِدٌ

(٨) اَلْمُسَافِرَةُ الْأَمْرِيكِيَّةُ

(٩) اَلْمُرْشِدُ الْمُسْلِمُ

(١٠) تِلْمِيذَةٌ أَنِيسَةٌ

4. Complete with suitable words:

(١) ............ اَلْأُسْتَاذَاتُ الْأَجْنَبِيَّاتُ ؟

(٢) اَلْهِنْدِيَّاتُ ............ حَاضِرَاتٌ

(٣) ............ أَيْنَ الْمُخْلِصَاتُ ؟

(٦) اَلسَّيِّدَاتُ ............ الْبَيْتِ

(٧) أَيْنَ ............ الصَّالِحَاتُ ؟

(٨) اَلْمُمَرِّضَاتُ فِي ............

(٤) هَلْ ........................ كَرِيمَاتٌ ؟

(٥) اَلْمُسْتَمِعَاتُ ........................

(٩) ........................ فِي الْمَطْبَخِ

(١٠) ........................ الزَّائِرَاتُ ؟

5. Correct the mistakes:

(١) اَلْمُدَرِّسُونَ مَوْجُودَاتٌ

(٢) اَلزَّائِرَاتُ أَجْنَبِيَّةٌ

(٣) هَلِ الْكَافِرُونَ مَاكِرَانِ ؟

(٤) مِنْ أَيْنَ الشَّرِيكَاتُ الْمُجِدَّةُ ؟

(٥) عِنْدَهُ كُوبٌ مَكْسُورَةٌ

(٦) اَلْحَقِيبَتَانِ مُغْلَقَانِ

(٧) الطَّالِبَاةُ الْمُجْتَهِدَاتُ

(٨) اَلْمُفَتِّشَاتُ الْغَائِبُونَ

(٩) اَلْمُتَّهَمَتَانِ الْحَاضِرَاتُ

(١٠) اَلْمُجْرِمَاتُ الْكَافِرَةُ

## The Nominal Sentence: Sound Fem. Pl.

## اَلْجُمْلَةُ الاِسْمِيَّةُ : جَمْعُ اَلْمُؤَنَّثِ السَّالِمُ

The rules for the singular, dual and S.M.P. in the "nominal sentence" are the same in the case of the sound feminine plural.

| اَلاِنْكْلِيزِيَّةُ | اَلْعَرَبِيَّةُ |
|---|---|
| 1. Smiling ladies | سَيِّدَاتٌ بَاسِمَاتٌ |
| 2. The smiling ladies | اَلسَّيِّدَاتُ الْبَاسِمَاتُ |
| 3. The ladies are smiling. | اَلسَّيِّدَاتُ بَاسِمَاتٌ |

**Explanation:**

1. In examples 1 and 2, the indefinite and definite phrases of the S.F.P. are presented.
2. The last example is the nominal sentence of the S.F.P. The subject " اَلسَّيِّدَاتُ " is definite and feminine but its predicate " بَاسِمَاتٌ " is indefinite and feminine plural.

**Examples:**

1. The inspectresses are laughing. اَلْمُفَتِّشَاتُ ضَاحِكَاتٌ
2. The lecturers are returning. اَلْمُحَاضِرَاتُ رَاجِعَاتٌ

3. The girls are thankful. اَلْبَنَاتُ شَاكِرَاتٌ

4. The aunts are going. اَلْخَالَاتُ ذَاهِبَاتٌ

5. The married ladies are smiling. اَلْمُتَزَوِّجَاتُ بَاسِمَاتٌ

**New Vocabulary:**

| | | | |
|---|---|---|---|
| An uncle (paternal) | عَمٌّ | Laughing | ضَاحِكٌ |
| An uncle (maternal) | خَالٌ | Understanding | فَاهِمٌ |
| Returning | رَاجِعٌ | A cultured person | مُثَقَّفٌ |
| Religious | مُتَدَيِّنٌ | A married man | مُتَزَوِّجٌ |
| An Iraqi | عِرَاقِيٌّ | A Kuwayti | كُوَيْتِيٌّ |

**Exercise 27:**

1. Translate into Arabic:
   a. The nurses (f) are present.
   b. The daughters are laughing.
   c. Are the players (f) absent?
   d. The aunts are thankful.
   e. Where are the tailors (f)?
   f. The understanding teachers (f).
   g. Are the sisters polite?
   h. The hypocrites are returning.
   i. Who are the excellent servants?
   j. The students (f) are cultured.

114

2. Translate into English:

(١) اَلتِّلْمِيذَاتُ نَظِيفَاتٌ
(٢) اَلْمُدِيرَاتُ مُتَدَيِّنَاتٌ
(٣) مِنْ أَيْنَ السَّيِّدَاتُ الْفَاهِمَاتُ ؟
(٤) اَلْمُشْرِكَاتُ مُمَرِّضَاتٌ
(٥) إِلَى أَيْنَ الْمُسَافِرَاتُ ذَاهِبَاتٌ ؟
(٦) هَلِ الطِّفْلَاتُ مُؤَدَّبَاتٌ
(٧) أَيْنَ الْمُؤْمِنَاتُ الْكَرِيمَاتُ ؟
(٨) هَلِ الْكُوَيْتِيَّاتُ جَمِيلَاتٌ ؟
(٩) اَلْمُجْرِمَاتُ الْمُتَّهَمَاتُ غَائِبَاتٌ
(١٠) اَلْمُتَزَوِّجَاتُ مُسْلِمَاتٌ

3. Correct the following sentences:

(١) هَلِ السَّاعَةُ مَكْسُورٌ
(٢) مِنْ أَيْنَ الزَّعِيمَانِ قَادِمَاتٌ ؟
(٣) اَلْعَامِلَتَانِ ضَعِيفَةٌ
(٤) اَلْبَنَاتُ بَاسِمَتَانِ
(٥) اَلْكَاتِبَاتُ مُجِدٌّ
(٦) هَلِ الْمُؤَلِّفَانِ لَطِيفَتَانِ ؟
(٧) اَلْعِرَاقِيَّةُ أَنِيسَاتٌ
(٨) اَلْمُجْرِمَتَيْنِ الْغَائِبَتَانِ
(٩) اَلْوَالِدَةُ مُسْلِمَتَانِ
(١٠) اَلْعَمَّاتُ ضَاحِكَانِ

4. Give the plural of the following words:

(١) اَلْمُتَوَاضِعَةُ
(٢) اَلْمُؤْمِنَةُ الْبَاسِمَةُ
(٣) اَلْكَافِرَةُ عَلُوَّةٌ
(٤) اَلْمُجْرِمَةُ مُشْرِكَةٌ
(٥) اَلْمَكْتَبَةُ
(٦) كَرِيمَةٌ
(٧) اَلطَّالِبَةُ غَنِيَّةٌ
(٨) اَلْخَالَةُ الْبَخِيلَةُ
(٩) جَامِعَةٌ
(١٠) اَلْمَحَطَّةُ

5. Change the following adjectival phrases into nominal sentences:

(١) اَلْمُدَرِّسَاتُ الرَّاجِعَاتُ

(٢) أُسْتَاذَاتٌ مُخْلِصَاتٌ

(٣) اَلْعَدُوَّاتُ الْمُجْرِمَاتُ

(٤) اَلْبَنَاتُ الصَّادِقَاتُ

(٥) مُؤْمِنَاتٌ مُحْتَرَمَاتٌ

(٦) صَدِيقَاتٌ أَنِيسَاتٌ

(٧) مُعَلِّمَاتٌ مُجِدَّاتٌ

(٨) تِلْمِيذَاتٌ ذَكِيَّاتٌ

(٩) اَلْمُشْرِكَاتُ الْمَاكِرَاتُ

(١٠) اَلْمُحَاضِرَاتُ الْمُمْتَازَاتُ

بسم الله الرحمن الرحيم
لئن شكرتم لأزيدنكم

# The Conjunctions

## حُرُوفُ الْعَطْفِ

The conjunctions are particles which join sentences, phrases or words together. They include " وَ " and " أَمْ ".

| اَلْإِنْكْلِيزِيَّةُ | | | اَلْعَرَبِيَّةُ |
|---|---|---|---|
| 1. | a. | An apple and a banana | تُفَّاحَةٌ وَ مَوْزَةٌ |
| | b. | The big box | اَلصَّنْدُوقُ الْكَبِيرُ |
| | | and the light parcel. | وَ الطَّرْدُ الْخَفِيفُ |
| 2. | a. | The sad ladies or | اَلسَّيِّدَاتُ الْحَزِينَاتُ أَمْ |
| | | the happy teachers? | الْمُعَلِّمَاتُ السَّعِيدَاتُ ؟ |
| | b. | Is he clean or dirty? | هَلْ هُوَ نَظِيفٌ أَمْ وَسِخٌ ؟ |

**Explanation:**

1. In (1,a) the conjunction is used to join two simple nouns.
2. In examples (1,b) and (2,a), two phrases are joined together by the conjunctions " وَ " and " أَمْ " respectively.
3. In the last example (2,b) two adjectives are joined.

**Examples:**

1. a. A Classroom and a laboratory

   فَصْلٌ وَ مُخْتَبَرٌ

   b. The professor and the teacher

   اَلْأُسْتَاذُ وَ الْمُعَلِّمُ

   مَسْجِدٌ نَظِيفٌ وَ مَدْرَسَةٌ وَسِخَةٌ

2. a. A clean mosque and a dirty school

   b. Is the room new or old?   هَلِ الْغُرْفَةُ جَدِيدَةٌ أَمْ قَدِيمَةٌ ؟

   اَلسَّيَّارَةُ سَلِيمَةٌ وَ الْحَافِلَةُ مَكْسُورَةٌ

3. a. The car is in a sound condition and the bus is broken.

   هَلِ الْأُمُّ فِي الْمَطْبَخِ أَمْ فِي الْحَمَّامِ ؟

   b. Is the mother in the kitchen or in the bathroom?

   هَلْ هِيَ ذَاهِبَةٌ إِلَى الْمَدْرَسَةِ أَمْ إِلَى الْجَامِعَةِ ؟

   c. Is she going to the school or to the university?

118

## New Vocabulary:

| | | | |
|---|---|---|---|
| An apple | تُفَّاحَةٌ | A letter | خِطَابٌ |
| An orange | بُرْتُقَالَةٌ | Milk | لَبَنٌ |
| A bathroom | حَمَّامٌ | A watermelon | بَطِّيخٌ |
| Sound | سَلِيمٌ | A box | صُنْدُوقٌ |
| A banana | مَوْزَةٌ | A bottle | زُجَاجَةٌ |

## Exercise 28:

1. Translate into Arabic:
   a. A father and a mother
   b. The house and the garden
   c. The hardworking husband and the active wife
   d. A generous friend
   e. Is Khadija a dressmaker or a teacher?
   f. Are you going to the library or to the office?
   g. Are you a listener or a speaker?
   h. Is the American rich or poor?
   i. Is he a disbeliever or a polytheist?
   j. How are the two boys and the two girls?

2. Translate into English:

(١) تُفَّاحَةٌ وَ بُرْتُقَالَةٌ

(٢) اَللَّبَنُ فِي الثَّلاَّجَةِ

(٣) اَلطَّبِيبُ وَ الْمُمَرِّضَةُ فِي الْعِيَادَةِ

(٤) هَلْ عِنْدَكَ سَيَّارَةٌ أَمْ دَرَّاجَةٌ ؟

(٥) اَلْفُسْتَانُ وَ التَّنُّورَةُ فِي الدُّولَابِ

(٦) هَلْ هٰذَا قَدِيمٌ أَمْ جَدِيدٌ ؟

(٧) هَلْ اَنْتَ ذَاهِبَةٌ اِلَى مَكَّةَ الْمُكَرَّمَةِ أَمْ اِلَى الْمَدِينَةِ الْمَنَوَّرَةِ ؟

(٨) اَلرَّجُلُ الْقَوِيُّ وَ الْوَلَدُ الضَّعِيفُ فِي الْبُسْتَانِ

(٩) هَلِ الْحَقِيبَةُ فِي الدُّرْجِ أَمْ فِي الصُّنْدُوقِ ؟

(١٠) هَلِ الْمَقَالَةُ فِي الْجَرِيدَةِ أَمْ فِي الْمَجَلَّةِ ؟

3. **Give the opposite of the underlined words:**

(١) اَلصُّنْدُوقُ الْكَبِيرُ

(٢) السَّيِّدَاتُ الْحَزِينَاتُ

(٣) اَلْبِنْتَانِ الْجَمِيلَتَانِ

(٤) اَلْوَلَدُ وَسِخٌ

(٥) اَلْمُؤْمِنَانِ قَوِيَّانِ

(٦) اَلْمُدِيرُ الْجَدِيدُ

(٧) اَلْمَرْاَةُ بَخِيلَةٌ

(٨) هِيَ فَقِيرَةٌ

(٩) اَلطِّفْلُ الطَّوِيلُ

(١٠) اَلشَّارِعُ الْوَاسِعُ

4. **Re-arrange the following words in order to make meaningful sentences:**

(١) فِي ، وَ ، الْقَلَمُ ، الدُّرْجِ ، الْمِسْطَرَةُ ، هَلْ ، ؟

(٢) ذَاهِبُونَ ، هَلْ ، أَمْ ، اِلَى ، اِلَى ، الشَّرْقِ ، الْغَرْبِ ، الْمُسَافِرُونَ ، ؟

(٣) الرَّفِّ ، الْكُوبُ ، الْفِنْجَانُ ، وَ ، عَلَى

(٤) اَيْنَ ، قَادِمَانِ ، الطَّالِبَانِ ، مِنْ ، ؟

(٥) اَلْمُخْلِصَاتُ ، الْمَسْجِدِ ، فِي ، الْكَبِيرِ ، الْمُسْلِمَاتُ

(٦) اَلْمَدْرَسَةِ ، هُوَ ، اِلَى ، ذَاهِبٌ

(٧) لَيْلَةٌ ، هٰذِهِ ، وَ ، ذٰلِكَ ، بَارِدٌ ، يَوْمٌ ، حَارَّةٌ

(٨) فِي ، وَ ، الْمِنْضَدَةُ ، الْمَكْتَبُ ، الْفَصْلِ

(٩) عِنْدَكَ ، هَلْ ، حِصَانٌ ، حِمَارٌ ، وَ ، ؟

(١٠) سَيَّارَةٌ ، عِنْدِي ، سَلِيمَةٌ ، نَعَمْ

5. Vocalize:

(١) عندها فستان جديد وتنورة قديمة

(٢) لا ، اسمي سليمان و اسمها سلمى

(٣) التلميذات الذكيات في الصفّ

(٤) من اين الممرّضات الأجنبيّات ؟

(٥) هل المستمعون ام المترجمون في المختبر ؟

(٦) الزائرون الكثيرون قادمون من مكة المكرمة

(٧) هل الطبيبات المجتهدات في العيادة ؟

(٨) الأستاذان المجدّان ذاهبان إلى المكتبة

(٩) كتابي الجديد في الغرفة

(١٠) الجامعة مغلقة و المسجد مفتوح

# The Perfect Tense Verb

## اَلْفِعْلُ الْمَاضِي

The verb is a doing word. It indicates whether the action is complete i.e. اَلْفِعْلُ الْمَاضِي (the past tense/perfect verb) or incomplete i.e. اَلْفِعْلُ الْمُضَارِعُ (the present tense/imperfect verb). This lesson will deal with the verb in the perfect tense.

| مَعْنَاهَا | | | اَلْجُمْلَة | |
|---|---|---|---|---|
| 1. | a. | He wrote. | كَتَبَ | هُوَ |
| | b. | He wrote a book. | كَتَبَ كِتَابًا | |
| 2. | a. | She wrote. | كَتَبَتْ | هِيَ |
| | b. | She wrote an article. | كَتَبَتْ مَقَالَةً | |
| 3. | a. | You wrote. | كَتَبْتَ | أَنْتَ |
| | b. | You wrote the lesson. | كَتَبْتَ الدَّرْسَ | |
| 4. | a. | You (f) wrote. | كَتَبْتِ | أَنْتِ |
| | b. | You (f) wrote the sentence. | كَتَبْتِ اَلْجُمْلَةَ | |
| 5. | a. | I wrote (m & f). | كَتَبْتُ | أَنَا |
| | b. | I wrote the letter and the word. | كَتَبْتُ اَلْحَرْفَ وَ اَلْكَلِمَةَ | |

**Explanation:**

1. Only the singular form of the verb in the perfect tense is dealt with in this lesson.
2. The most important form is the three-letter-root of the verb. The word "He wrote كَتَبَ " is an example. This also shows the simplest form of the perfect tense verb.
3. When analysing the verb " كَتَبَ ", we notice that it is masculine, singular and in the third person.
4. In order to change to a different gender or person, the vowel-signs at the end of the verb change: "She wrote كَتَبَتْ " and "I wrote كَتَبْتُ ". At the end of these verbs, a letter "ta' ت " is attached and it does not bear the same vowel-sign. This, therefore, shows whether it refers to "You", "I" or "She".
5. It is therefore important to note that the subject-marker is suffixed to the root of the verb.
6. The second example has an object: "He wrote a book كَتَبَ كِتَابًا "; where the word "a book" is the object of "He wrote". The object may be indefinite or definite, (in this case it is indefinite).
7. The words كِتَابًا (a book) and اَلدَّرْسَ (the lesson) have "fatha-tayn" ( ً ) or "fatha" ( َ ) on the last letter. This vowel-sign shows the position of the word in relation to the verb. It is noted that the word كِتَابًا (a book) has an "alif" attached to the last letter. This occurs only when the word is indefinite and masculine, but not when it is definite and masculine or indefinite/definite and feminine: اَلدَّرْسَ (the lesson), مَقَالَةً (an article) and اَلْجُمْلَةَ (the sentence).
8. The pronouns used in the above examples are to assist in identifying the person, but it is not necessary to always use them because the verb, as it appears, can be used alone.
9. It is important to note that the middle letter of the root does not always possess a "fatha"; there are verbs which take on it "a damma" or under it "a kasra": "He grew كَبُرَ " and "He understood فَهِمَ ".
10. The Arabic grammatical terms for verb, subject and object are فِعْلٌ , فَاعِلٌ and مَفْعُولٌ بِهِ respectively. The verbal sentence is known as جُمْلَةٌ فِعْلِيَّةٌ .

**Examples:**

1. a. He studied.     دَرَسَ

   b. She wrote.     كَتَبَتْ

   c. You read and you understood.     قَرَأْتَ وَ فَهِمْتَ

   d. You (f) explained and you (f) wrote.     شَرَحْتِ وَ كَتَبْتِ

   e. I heard and I thanked.     سَمِعْتُ وَ شَكَرْتُ

2. a. He read the new book.     قَرَأَ الْكِتَابَ الْجَدِيدَ

   b. She explained the lesson.     شَرَحَتِ الدَّرْسَ

   c. You read the article and the letter.     قَرَأْتَ الْمَقَالَةَ وَ الرِّسَالَةَ

   d. He drank the coffee.     شَرِبَ الْقَهْوَةَ

**New Vocabulary:**

| | | | |
|---|---|---|---|
| He wrote | كَتَبَ | He read | قَرَأَ |
| He studied | دَرَسَ | He explained | شَرَحَ |
| He understood | فَهِمَ | He heard | سَمِعَ |
| He ate | أَكَلَ | He drank | شَرِبَ |
| He carried | حَمَلَ | He knew | عَرَفَ |

## Exercise 29:

1. Translate into Arabic:
   a. I knew the boy.
   b. The pupil understood the lesson.
   c. The servant (f) drank the milk.
   d. You knew the teacher and the professor.
   e. I heard a sad story.
   f. You (f) carried the heavy parcel.
   g. The teacher wrote the article.
   h. I ate the orange.
   i. I read the book.
   j. You wrote the letter in the library.

2. Translate into English:

(١) عَرَفْتُ الدَّرْسَ

(٢) أَكَلْتُ الْبُرْتُقَالَةَ وَ الْمَوْزَةَ

(٣) حَمَلَ الطَّرْدَ الثَّقِيلَ

(٤) أَنَا فَهِمْتُ الْقِصَّةَ الْحَزِينَةَ

(٥) هَلْ شَرَحَ الْجُمْلَةَ الصَّعْبَةَ ؟

(٦) شَرِبَ الْوَلَدُ الْمَاءَ وَ الْعَصِيرَ

(٧) أَيْنَ أَكَلْتَ الطَّعَامَ ؟

(٨) هَلْ كَتَبْتَ الْخِطَابَ الطَّوِيلَ فِي الدَّفْتَرِ ؟

(٩) نَعَمْ ، هِيَ سَمِعَتِ الْقِصَّةَ

(١٠) لَا ، دَرَسَتْ سَلْوَى فِي الْمَكْتَبَةِ

3. Choose the appropriate word from those given in brackets:

(١) (كَتَبَتْ / شَرِبَتْ) الْقَهْوَةَ

(٢) فَهِمَ الْأُسْتَاذُ (الْحَقِيبَةُ / الْقِصَّةَ)

(٣) شَرَحَ (الْمُعَلِّمُ / الْمُدَرِّسَةُ) دَرْسًا

125

(٤) هَلْ (عَرَفْتُ / عَرَفْتَ) السَّائِقَ ؟

(٥) أَنْتِ شَرَحْتِ (الْجَرِيدَةَ / الْمَقَالَة)

(٦) قَرَأَتِ السَّيِّدَةُ (الْمُثَقَّفَةُ / الْمُثَقَّفُ) الْمُجَلَّةَ

(٧) (مِنْ / مَنْ) أَيْنَ سَمِعْتَ الْقِصَّةَ ؟

(٨) (هَلْ / مَا) سَمِعْتَ الْخَبَرَ ؟

(٩) مَنْ أَكَلَ (التُّفَّاحَةَ / الْمَاءَ) ؟

(١٠) حَمَلَ الصُّنْدُوق (الثَّقِيلَة / الْخَفِيف)

4. Correct the form of the verb where necessary:

(١) أَنَا كَتَبَتِ الْخِطَابَ

(٢) هِيَ قَرَأَ الْجَرِيدَةَ

(٣) هَلْ هُوَ فَهِمْتَ الْقِصَّةَ ؟

(٤) لِمَاذَا أَنْتِ شَرِبْتَ اللَّبَنَ ؟

(٥) هِيَ أَكَلَ تُفَّاحَةً

(٦) هَلْ أَنْتَ سَمِعْتِ الْمُدِيرَ ؟

(٧) هَلْ أَنْتِ دَرَسَ الْكِتَابَ ؟

(٨) هِيَ كَتَبْتَ عَلَى السَّبُّورَةِ

(٩) أَنَا فَهِمْتَ الْمَقَالَةَ

(١٠) إِلَى أَيْنَ أَنْتَ حَمَلَ الطَّرْدَ ؟

5. Complete with appropriate words:

(١) ............................ الْمُعَلِّمُ الدَّرْسِ

(٢) دَرَسَتْ فَاطِمَةُ ............................

(٣) فَهِمْتَ الرِّسَالَةَ ............................

(٤) قَرَأْتُ الْمَجَلَّةَ ............................ الْمَكْتَبَةِ

(٥) ............................ حَمَلْتَ الصُّنْدُوقَ ؟

(٦) ............................ أَيْنَ كَتَبْتَ الْخِطَابَ ؟

(٧) شَرِبَتْ ................ الْمَاءَ

(٨) هَلْ ................ فِي الدَّفْتَرِ

(٩) كَتَبَ التِّلْمِيذُ الذَّكِيُّ مَقَالَةً فِي ................

(١٠) أَنْتَ ................ الْقِصَّةَ

٣٠ الدرس

# The Imperfect Tense Verb

اَلْفِعْلُ الْمُضَارِعُ

The present or imperfect tense indicates that the action express-
ed by the verb is incomplete. It differs from the perfect tense
which expresses a completed action.

| مَعْنَاهَا | | | اَلْجُمْلَةُ الْفِعْلِيَّةُ |
|---|---|---|---|
| 1. | a. | He writes. | هُوَ يَكْتُبُ |
| | b. | He writes the book. | هُوَ يَكْتُبُ الْكِتَابَ |
| 2. | a. | She writes. | هِيَ تَكْتُبُ |
| | b. | She writes the article. | هِيَ تَكْتُبُ الْمَقَالَةَ |
| 3. | a. | You write. | أَنْتَ تَكْتُبُ |
| | b. | You write the story. | أَنْتَ تَكْتُبُ الْقِصَّةَ |
| 4. | a. | You (f) write. | أَنْتِ تَكْتُبِينَ |
| | b. | You (f) write the play. | أَنْتِ تَكْتُبِينَ الْمَسْرَحِيَّةَ |
| 5. | a. | I (m & f) write. | أَنَا أَكْتُبُ |
| | b. | I write the letter. | أَنَا أَكْتُبُ الرِّسَالَةَ |

**Explanation:**

1. Only the singular form of the imperfect verb is dealt with in this lesson.

2. The imperfect verb in Arabic differs from the perfect. It has the subject-markers prefixed and not suffixed (except "you" f.s.) as in the case of the perfect.

3. The subject-markers are different letters. They are the "ya' ي " which indicates "he", the "ta' ت " which stands for "she" and "you" (m and f), and the "alif أ " which represents the "I". Note that the feminine singular has at the end of the verb a "ya' " and a "nun"; This will assist to differentiate between "She writes تَكْتُبُ ", "You write تَكْتُبُ" and "You (f) write تَكْتُبِينَ ".

4. The vowel signs of the imperfect verb also differ from those of the perfect verb.

5. Note that the vowel-sign on the middle letter of the root i.e. " ت " in the above example will not apply to all verbs. Some of them will have a "kasra" others a "fatha" and some a "damma".

| | | | |
|---|---|---|---|
| He returned. | رَجَعَ | He returns. | يَرْجِعُ |
| He went. | ذَهَبَ | He goes. | يَذْهَبُ |
| He wrote. | كَتَبَ | He writes. | يَكْتُبُ |

**Examples:**

1. a. He studies the lesson.     يَدْرُسُ الدَّرْسَ

   b. She enters the laboratory.     تَدْخُلُ الْمُخْتَبَرَ

   c. You eat the food.     يَأْكُلُ الطَّعَامَ

   d. You (f) explain the problem.     تَشْرَحِينَ الْمَسْـأَلَةَ

   e. I thank the servant.     أَشْكُرُ الْخَادِمَ

2. a. He reads and she listens. يَقْرَأُ وَ هِيَ تَسْمَعُ

b. You hear and you (f) write. أَنْتَ تَسْمَعُ وَ أَنْتِ تَكْتُبِينَ

هُوَ يَأْخُذُ تُفَّاحَةً وَ هِيَ تَأْكُلُ الْبَطِّيخَ

3. a. He takes an apple and she eats the watermelon.

تَقْرَأُ الدَّرْسَ الصَّعْبَ وَأَفْهَمُ الْقِصَّةَ

b. You read the difficult lesson and I understand the story.

**New Vocabulary:**

| | | | |
|---|---|---|---|
| He succeeded. | نَجَحَ | He failed. | فَشِلَ |
| He worked. | عَمِلَ | He went. | ذَهَبَ |
| Juice | عَصِيرٌ | He took. | أَخَذَ |
| Tea | شَايٌ | He entered. | دَخَلَ |
| He returned. | رَجَعَ | He ordered. | أَمَرَ |

**Exercise 30:**

1. Translate into Arabic:
   a. She failed the examination.
   b. I study the book.
   c. Muhammad returns from the school.
   d. The servant (f) goes to the market.
   e. Do you drink tea?
   f. He works in the park.
   g. I read the newspaper in the room.
   h. The boy eats the bread in the kitchen.
   i. You drink the juice.
   j. He understands the sad story.

2. Translate into English:

(١) نَعَمْ ، هُوَ يَقْرَأُ الْمَقَالَةَ

(٢) لاَ ، كَتَبَتْ خَدِيجَةُ الرِّسَالَةَ

(٣) مَنْ دَخَلَ الْبَيْتَ ؟

(٤) هَلْ تَدْرُسُ الدَّرْسَ الْجَدِيدَ ؟

(٥) أَنَا أَشْكُرُ الطَّالِبَةَ

(٦) هَلْ أَخَذْتَ التُّفَّاحَةَ وَ الْبُرْتُقَالَةَ ؟

(٧) تَنْجَحِينَ فِي الْاِخْتِبَارِ

(٨) شَرِبْتُ الْعَصِيرَ وَ الشَّايَ فِي الْمَطْعَمِ

(٩) أَمَرَنِي الْأُسْتَاذُ بِالْعَمَلِ

(١٠) يَرْجِعُ الْمُدَرِّسُ مِنَ الْمَدْرَسَةِ

3. Rewrite the following sentences changing the gender of the words underlined:

(١) هَلْ تَشْرَحِينَ الدَّرْسَ ؟

(٢) يَعْرِفُ الْحَلاَّقَةَ

(٣) اَلْمَرْأَةُ تَأْخُذُ السَّيَّارَةَ وَ الرَّجُلُ يَأْخُذُ الْحَافِلَةَ

(٤) سَمِعْتُ التِّلْمِيذَةَ فِي الْفَصْلِ

(٥) أَنْتَ تَشْرَبُ اللَّبَنَ وَ الْعَصِيرَ

(٦) إِلَى أَيْنَ الطِّفْلَةُ ذَاهِبَةٌ ؟

(٧) اَلْوَلَدُ قَادِمٌ مِنَ الْمَسْجِدِ

(٨) هِيَ تَعْمَلُ فِي الشَّرِكَةِ

(٩) يَدْخُلُ الْغُرْفَةَ الْكَبِيرَةَ

(١٠) حَمَلَتِ الْكُرْسِيَّ الثَّقِيلَ

4. Change the verb into the Imperfect form:

(١) فَشِلَتْ فِي الاِمْتِحَانِ

(٢) دَرَسَ اللُّغَةَ الْعَرَبِيَّةَ

(٣) رَجَعْتِ مِنَ الْمَصْنَعِ

(٤) عَمِلْتَ فِي الْمَطْعَمِ

(٥) أَكَلَ فِي الْمَطْبَخِ

(٦) سَمِعْتُ الْقِصَّةَ

(٧) أَمَرْتِ التِّلْمِيذَ بِالْخُرُوجِ

(٨) دَخَلْتِ الْفَصْلَ

(٩) شَرِبْتُ الْمَاءَ

(١٠) أَخَذَتِ الْمُعَلِّمَةُ الْمِسْطَرَةَ

5. Vocalize the following:

(١) المنافقون الماكرون ذاهبون إلى القرية

(٢) يذهب الرجل إلى النهر

(٣) رجعت الأستاذة من الجامعة

(٤) السبّورتان النظيفتان مفيدتان

(٥) نعم ، عندها المفتاح

(٦) لا ، عندي فستان و تنّورة

(٧) هل القدر و الصحن في الفرن ؟

(٨) كتب المجرم على الجدار

(٩) هل تشربين العصير أم القهوة ؟

(١٠) من أين أخذت الساعة ؟

# The Idāfa-Construction

## اَلْإِضَافَةُ

This construction expresses the possessive case. It consists of two nouns which are attached to one another and this follows specific grammatical rules.

| اَلْاِنْكْلِيزِيَّةُ | اَلْعَرَبِيَّةُ |
|---|---|
| 1. The Messenger of Allah | رَسُولُ اللهِ |
| 2. The humble son of the teacher | اِبْنُ الْمُعَلِّمَةِ الْمُتَوَاضِعُ |
| 3. How is the condition of the student? | كَيْفَ حَالُ الطَّالِبِ ؟ |
| 4. The key of the door is new. | مِفْتَاحُ الْبَابِ جَدِيدٌ |
| 5. That is the house of Allah. | ذٰلِكَ بَيْتُ اللهِ |
| 6. She wrote the homework. | كَتَبَتْ وَاجِبَ الْبَيْتِ |

**Explanation:**

1. a. In the first example, the first noun رَسُولُ (the Messenger) is definite but does not take the definite article " اَلْ ".
   b. The second noun اللهِ (Allah) is genitive as indicated by the kasra (ـِ).

2. In the second example, an adjective which refers to the first noun إِبْنُ (the son) has to follow the Idáfa-Construction. Note that it has to take the " اَلْ " in order to agree with " إِبْنُ ".
3. The Idáfa-Construction may be used with interrogative particles as indicated in the third example.
4. When used in a nominal sentence - the fourth example - the predicate follows the Idáfa-Construction and is indefinite.
5. Demonstrative pronouns are also used. It must be stressed that the use of the correct demonstrative pronoun depends on the gender of the first and not the second noun (see examples below).
6. In the last example it occurs in a verbal sentence. Note that the damma on the ب of واجب became a fatha (بَ).

**Examples:**

| | | | |
|---|---|---|---|
| 1. | a. | The servant of Allah | عَبْدُ اللهِ |
| | b. | The rector of the university | مُدِيرُ الْجَامِعَةِ |
| 2. | a. | The clever student of the school | طَالِبُ الْمَدْرَسَةِ الذَّكِيُّ |
| | b. | The beautiful voice of the girl | صَوْتُ الْبِنْتِ الْجَمِيلُ |
| 3. | a. | What is the name of the messenger? | مَا اِسْمُ الرَّسُولِ ؟ |
| | b. | Where is the rubber of the pupil? | أَيْنَ مِمْسَحَةُ التِّلْمِيذِ ؟ |
| 4. | a. | The library of the institute is big. | مَكْتَبَةُ الْمَعْهَدِ كَبِيرَةٌ |
| | b. | The student (f) of the professor is clever. | طَالِبَةُ الْأُسْتَاذِ ذَكِيَّةٌ |
| 5. | a. | This is the daughter of the cook. | هٰذِهِ اِبْنَةُ الطَّبَّاخِ |
| | b. | That is the baker of the hotel. | ذٰلِكَ خَبَّازُ الْفُنْدُقِ |

6. a. You write the examination of the school. — تَكْتُبُ اِمْتِحَانَ الْمَدْرَسَةِ
   b. He took the magazine of the lady. — أَخَذَ مَجَلَّةَ السَّيِّدَةِ

**New Vocabulary:**

| | | | |
|---|---|---|---|
| Allah | اللّٰه | A test | اِخْتِبَارٌ |
| Bread | خُبْزٌ | A messenger | رَسُولٌ |
| Coffee | قَهْوَةٌ | A religion | دِينٌ |
| Islam | اَلْاِسْلَامُ | A servant | عَبْدٌ |
| An examination | اِمْتِحَانٌ | A voice | صَوْتٌ |

**Exercise 31:**

1. Translate into Arabic:
   a. The newspaper of the student (f)
   b. The big bag of the boy
   c. The mother of the child is ill.
   d. That is the page of the book.
   e. Where is the skirt of the lady?
   f. This is the institute of the city.
   g. The university of Tunis
   h. I read the letter of my friend.
   i. The story of the author is long.
   j. She studied the lesson of the teacher (f).

2. Translate into English:

(١) هَلْ تَشْرَبِينَهَا ؟

(٢) نَعَمْ ، أَخَذْتُ الطَّاوِلَةَ وَ الْكُرْسِيَّ

(٣) لَا ، كَتَبْتُ خِطَابًا قَصِيرًا

(٤) هَلْ حَمَلْتَ الطَّرْدَ إِلَى جَامِعَةِ الْمَغْرِبِ ؟

(٥) هَلْ سَمِعَ الْمُدَرِّسُ السُّؤَالَ ؟

(٦) تَدْرُسُ فِي مَكْتَبَةِ الْمَعْهَدِ

(٧) يَفْشِلُ فِي اِخْتِبَارِ الْمَدْرَسَةِ

(٨) فَهِمَ الْمَقَالَةَ

(٩) دَخَلَتِ الْمَرْأَةُ بُسْتَانَ الْمَدِينَةِ

(١٠) يَذْهَبُ إِلَى الْمُخْتَبَرِ

3. Correct the following sentences:

(١) أَنْتَ فَهِمَ الْمُدَرِّسَ

(٢) كَتَبَ الْبَيْتِ فِي

(٣) هُوَ تَسْمَعِينَ الْقِصَّةَ

(٤) تَفْشِلُ الطَّالِبُ فِي الْاِمْتِحَانَ

(٥) اَلْمُتَكَلِّمُونَ مَوْجُودَانِ

(٦) اَلْأُسْتَاذَةُ دَرَسَ الرِّسَالَةَ فِي الصَّالَةِ

(٧) هٰذِهِ كِتَابِيْ الْمُفِيدُ

(٨) هَلْ أَنَا تَشْرَحِينَ الْخِطَابَ ؟

(٩) يَعْمَلُ الْعَامِلَ فِي الْمَصْنَعِ

(١٠) شَكَرَ الْكَاتِبَ

4. Choose the correct word in brackets:

(١) هٰذِهِ (زَوْجٌ / اِمْرَأَةٌ)

(٢) عِنْدَهَا (كِتَابٌ / شَارِعٌ)

(٣) تَعْمَلُ (اِبْنٌ / الْمُدِيرَةُ) فِي الشَّرِكَةِ

(٤) آخُذُ (مِسْطَرَةً / الطَّالِبَ)

(٥) تَقْرَئِينَ (الْجَرِيدَةَ / الْمَكْتَبَةَ) فِي الْفَصْلِ

(٦) سَمِعَتْ (التِّلْمِيذُ / صَوْتَ) الْمُعَلِّمِ

(٧) دَرَسَ (الدِّيْنَ / دِينَ) الْاِسْلَامِ

(٨) فَشِلْتِ (الطَّالِبُ / فِي اِمْتِحَانِ) الْجَامِعَةِ

(٩) هَلْ نَجَحْتْ فِي (الْمَدْرَسَةَ / الْاِخْتِبَارِ)

(١٠) هُوَ قَادِمٌ مِنَ (جَامِعَةٌ / الْقَاهِرَةِ)

5. Re-arrange the following words in order to construct grammatically correct and meaningful sentences:

(١) اَلْمَدْرَسَةِ ، هَلْ ، هُوَ ، مُعَلِّمُ ، ؟

(٢) اَلْوَلَدِ ، الثَّلَّاجَةِ ، فِي ، كُوبُ

(٣) الْمُؤْمِنُ ، الْمَسْجِدَ ، دَخَلَ ، الْمُخْلِصُ

(٤) اَلْأُسْتَاذُ ، دَرَسَ ، الْمَكْتَبَةِ ، فِي

(٥) مُخْتَبَرِ ، يَذْهَبُ ، الْمَعْهَدِ ، إِلَى

(٦) عَلَى ، الثَّقِيلُ ، الْفُرْنِ ، الْفِنْجَانُ

(٧) السَّائِقَةُ ، فِي ، هَل ، الْحَافِلَةِ ، الْجَدِيدَةِ ، ؟

(٨) عَلَى ، الْقِصَّةَ ، السَّبُّورَةِ ، كَتَبَتِ ، الْمُحَاضِرَةُ

(٩) اَلْعِيَادَةِ ، فِي ، اَلْمُجْتَهِدَاتُ ، اَلْمُمَرِّضَاتُ ، الْكَبِيرَةِ

(١٠) جَدِيدٌ ، الْمُتَوَاضِعُ ، الرَّجُلُ ، مُسْلِمٌ

# The Verb and the Attached Pronoun

## اَلْفِعْلُ وَ الْضَّمِيرُ الْمُتَّصِلُ

In an earlier lesson, the singular attached pronouns were introduced to the nouns. This lesson introduces them to the verb.

| مَعْنَاهَا | | | اَلْجُمْلَةُ الْفِعْلِيَّةُ |
|---|---|---|---|
| 1. | a. | He wrote the letter. | كَتَبَ الرِّسَالَةَ |
| | b. | He wrote it. | كَتَبَهَا |
| 2. | a. | He carried (I). | حَمَلَ (أَنَا) |
| | b. | He carried me. | حَمَلَنِي |
| 3. | a. | He remembered (you). | ذَكَرَ (أَنْتَ) |
| | b. | He remembered you. | ذَكَرَكَ |

**Explanation:**

1. In the first example, the attached pronoun هَا (it) replaces the object of the verb اَلرِّسَالَةَ (the letter) which is feminine. If the object is masculine, then the attached pronoun should be masculine.
2. In the second example, the detached pronoun أَنَا (I) is not used with the verb, and is therefore replaced by the attached pronoun ي (Ya') as in كِتَابِي (My book). But it differs

from the one attached to the noun because it has the letter
ن attached to it as in حَمَلَنِي (he carried me).
3. In the last example the detached pronoun أَنْتَ (you) is
replaced by the attached pronoun كَ (you).
4. Note that whereas the first example may refer to persons or
things, the second and third examples refer to persons only.

## Examples:

1. a. He drank it.      شَرِبَهُ

   b. She took me.      حَمَلَتْنِي

   c. You entered it.      دَخَلْتَهَا

   d. You (f) heard her.      سَمِعْتِهَا

   e. He thanked you.      شَكَرَكَ

2. a. Attached pronoun with the perfect verb:

   He knew me.      عَرَفَنِي

   He knew you.      عَرَفَكَ

   He knew you (f).      عَرَفَكِ

   He knew him.      عَرَفَهُ

   He knew her.      عَرَفَهَا

   b. Attached pronoun with the imperfect verb:

   He knows me.      يَعْرِفُنِي

   He knows you.      يَعْرِفُكَ

| | | | |
|---|---|---|---|
| He knows you (f). | يَعْرِفُكِ | | |
| He knows him. | يَعْرِفُهُ | | |
| He knows her. | يَعْرِفُهَا | | |

**New Vocabulary:**

| | | | |
|---|---|---|---|
| He remembered. | ذَكَرَ | He lived. | سَكَنَ |
| He rode. | رَكِبَ | He sat. | جَلَسَ |
| He went out (from). | خَرَجَ (مِنْ) | He asked. | سَأَلَ |
| He accepted. | قَبِلَ | He opened. | فَتَحَ |
| He looked (at). | نَظَرَ (إِلَى) | He thanked. | شَكَرَ |

**Exercise 32:**

1.  Translate into Arabic:
    a.  He read it.
    b.  She thanks the principal.
    c.  I ask him.
    d.  You remembered her.
    e.  You (f) looked at the bird.
    f.  I drank the coffee.
    g.  She wrote an article in the magazine.
    h.  The teacher studied the book.
    i.  You (f) hear him.
    j.  I took the bag of the child.

2. Translate into English:

(١) كَتَبْتُ اِسْمَ الطَّالِبِ

(٢) ذَكَرَ رَسُولَ اللهِ

(٣) أَخَذَهَا مِنَ الْمَطْبَخِ

(٤) هَلْ تَشْرَبِينَ عَصِيرَ الْبُرْتُقَالِ ؟

(٥) نَعَمْ ، أَفْهَمُ الدَّرْسَ

(٦) لَا ، قَرَأْتُهَا فِي الْبُسْتَانِ

(٧) هَلْ تَفْتَحُ بَابَ الْمَدْرَسَةِ ؟

(٨) أَجْلِسُ عَلَى كُرْسِيِّ الْمُدِيرِ

(٩) رَكِبَ الْحِمَارَ فِي الْحَدِيقَةِ

(١٠) خَرَجَتِ الْبِنْتُ مِنَ الْمَعْهَدِ مَسَاءً

3. Replace the underlined word with the correct attached pronoun:

(١) قَبِلْتُ الْكِتَابَ مِنَ الطَّالِبِ

(٢) أَنَا آخُذُ الْمِسْطَرَةَ

(٣) هَلْ تَشْرَحِينَ الْاِسْلَامَ

(٤) هُوَ يَفْهَمُ الدِّينَ

(٥) أَنْتَ تَكْتُبُ الرِّسَالَةَ

(٦) هَلْ شَكَرْتَ الْأُسْتَاذَ

(٧) هِيَ تَخْرُجُ مِنَ الْغُرْفَةِ

(٨) اَلْقُرْآنُ كِتَابُ اللهِ

(٩) سَلْمَى اِسْمُ الطَّالِبَةِ

(١٠) هُوَ أَمَرَ أَنَا بِالذِّهَابِ إِلَى السُّوقِ

141

4. Choose the correct word in brackets:

(١) (مَا / أَيْنَ) كَتَبْتَ **الْمَقَالَةَ؟**

(٢) تَعْمَلُ الْوَالِدَةُ (فِي / عَلَى) الْمَنْزِلِ

(٣) هَلْ (هُوَ / أَنْتَ) فَهِمْتَ الرِّسَالَةَ ؟

(٤) يَشْرَبُ الْقَهْوَةَ (الْحَارَّ / الْبَارِدَةَ)

(٥) أَدْخُلُ (**اَلْفَصْلُ** / الْبَيْتَ) لَيْلًا

(٦) آمُرُ (التِّلْمِيذَاتِ / التِّلْمِيذَتَانِ) بِالْجُلُوسِ

(٧) (أَخَذَ / أَخَذَتْ) الْمُتَّهَمُ السَّاعَةَ

(٨) أَحْمِلُ (طَرْدًا / صَنْدُوقٌ) إِلَى الْمَكْتَبَةِ

(٩) قَرَأَ (الْجَرِيدَةَ / مَجَلَّةٌ)

(١٠) آخُذُ الْكِتَابَ (مِنْ / فِي) الدُّرْجِ

5. Vocalize:

(١) التلميذات الناجحات غائبات

(٢) قرأ الطالب مجلّة المدرسة

(٣) اخذها من المكتبة

(٤) فهمها أستاذ المعهد

(٥) يدرس كتاب الله في المسجد

(٦) ركبت الحصان

(٧) يسكن في المدينة

(٨) فتحت باب الفصل

(٩) **لا أسمع صوت الأستاذ**

(١٠) عملت في مصنع القرية

# Revision Exercises

# تَمْرِينَاتٌ لِلْمُرَاجَعَةِ

## Exercise One

1. Translate into English:

(١) اَلطَّالِبُ فِي اَلْمُخْتَبَرِ
(٢) هَلْ عِنْدَكَ دَفْتَرٌ وَ قَلَمٌ؟
(٣) كَيْفَ حَالُهُ؟
(٤) دَخَلْتُ مُخْتَبَرَ الْمَدْرَسَةِ
(٥) اَلْمُدِيرُ الْمُجْتَهِدُ فِي الْمَكْتَبَةِ
(٦) هٰذَا مُفَتِّشٌ خَامِلٌ
(٧) هٰذِهِ حَدِيقَةٌ جَمِيلَةٌ
(٨) يَكْتُبُ اَلدَّرْسَ
(٩) أَشْرَبُ فِنْجَانَ الْقَهْوَةِ
(١٠) اَلْمُجْرِمَانِ الْمَاكِرَانِ فِي الْفُنْدُقِ

2. Complete the following by choosing suitable adjectives from those given in brackets:

(مُفِيدَةٌ ، أَنِيسٌ ، مُخْلِصُونَ ، اَلصَّالِحَاتُ ، اَللَّطِيفَةُ ، اَلْمَكْسُورُ ، اَلْخَامِلُ ، اَلْمُفِيدُ ، مُمْتَازَاتٌ ، اَلنَّشِيطُونَ)

(١) اَلْكِتَابُ ..................................
(٢) اَلسَّيِّدَاتُ ..................................
(٣) بَنَاتٌ ..................................
(٤) اَلسَّيَّارَاتُ ..................................
(٥) اِبْنٌ ..................................
(٦) اَلرَّجُلُ ..................................
(٧) مُهَنْدِسُونَ ..................................
(٨) اَلْأُخْتُ ..................................
(٩) حَافِلَةٌ ..................................
(١٠) اَلْمُسْتَمِعُونَ ..................................

3. Change the gender:

(١) اَلْمُدَرِّسَاتُ ذَكِيَّاتٌ
(٢) دَرَسَتِ السَّيِّدَةُ
(٣) اَلْوَالِدَةُ الْكَرِيمَةُ وَالْأُخْتُ اللَّطِيفَةُ
(٤) هَلْ هُوَ مُسْلِمٌ؟
(٥) اَلطِّفْلَانِ صَغِيرَانِ
(٦) اَلْمُنَافِقُونَ غَائِبُونَ
(٧) تِلْمِيذٌ نَشِيطٌ
(٨) اَلْأُسْتَاذُ طَيِّبٌ
(٩) اَلطَّالِبَتَانِ الْمُخْلِصَتَانِ
(١٠) خَرَجَ الزَّوْجُ

4. Correct the following sentences:

(١) اَلْجَامِعَةُ الْكَبِيرَةُ مَشْهُورٌ
(٢) اَلْكَافِرُونَ حَاضِرَاتٌ
(٣) فَتَحْتُ النَّافِذَةَ الْوَاسِعَ
(٤) أَنَا قَبِلْتُ التُّفَّاحَةُ
(٥) تَعْمَلُ الْعَامِلُ فِي الْمَصْنَعِ
(٦) اَلْمَسْجِدَانِ الْجَدِيدَتَانِ جَمِيلَانِ
(٧) رَجَعَ الْمُتَرْجِمٌ مِنَ الْمُخْتَبَرِ
(٨) مِنْ أَيْنَ أَنْتَ ذَاهِبٌ؟
(٩) يَكْتُبُ فِي الْهَامِشُ
(١٠) اَلْمِمْسَحَتَانِ قَدِيمَةٌ

5. Change the verb into the imperfect tense:

(١) دَخَلْتُ الْغُرْفَةَ
(٢) نَجَحْتَ فِي الْامْتِحَانِ
(٣) أَخَذَ الْوَرَقَةَ
(٤) عَرَفْتِ الْمُدِيرَ الْجَدِيدَ
(٥) عَمِلَتْ فِي الْمُخْتَبَرِ
(٦) هَلْ ذَهَبْتَ إِلَى الْقَرْيَةِ؟
(٧) ذَكَرَ اِسْمَ اللهِ
(٨) رَجَعْتُ مِنَ الصَّالَةِ
(٩) شَرِبَتِ اللَّبَنَ وَ الْمَاءَ
(١٠) أَكَلْتِ الْبَطِّيخَ

6. Choose the missing words from those in brackets:

(اَلدَّفْتَرِ ، اَلْمَقَالَةَ ، اَلْقُرْآنَ ، فَهِمْتُ ، أَمْ ، أَشْكُرُ ، اَلْقَصِيرَةُ ، الصَّالَةِ ، هَلْ ، الزُّجَاجَةَ)

(١) كَتَبْتَ .................... فِي الْجَرِيدَةِ

(٢) اَلرِّسَالَةُ فِي ....................

(٣) يَدْرُسُ فَرِيدٌ .................... فِي الْمَسْجِدِ

(٤) اَلْبِنْتُ .................... وَاقِفَةٌ عَلَى الْكُرْسِيِّ

(٥) .................... اَلْمُتَرْجِمُ فِي الْمُخْتَبَرِ؟

(٦) .................... اَلدَّرْسَ الصَّعْبَ

(٧) تَحْمِلُ زَاهِدَةُ ....................

(٨) .................... الْمُعَلِّمَ اللَّطِيفَ

(٩) هَلْ تَأْخُذِينَ الْإِبْرِيقَ بِالْمَاءِ .................... الزُّجَاجَةَ بِالْعَصِيرِ؟

(١٠) اَلزَّائِرُ مُنْتَظِرٌ فِي ....................

7. Supply the correct prepositions:

(١) .................... أَيْنَ الزَّعِيمَاتُ الْمُحْتَرَمَاتُ رَاجِعَاتٌ؟

(٢) .................... هَا طَيْرٌ جَمِيلٌ

(٣) اَلْقَلَمُ .................... الْمَائِدَةِ

(٤) اَلْمُسَافِرُ ذَاهِبٌ .................... الْفُنْدُقِ

(٥) رَجَعَ يَاسِينُ .................... الشُّقَّةِ

(٦) هَلْ عَصِيرُ الْمَوْزَةِ .................... الْكُوبِ أَمْ .................... الْفِنْجَانِ؟

(٧) الدَّفْتَرُ وَ الْكِتَابُ .................... الرَّفِّ

(٨) .................... اَلْمَطْبَخِ طَعَامٌ وَ شَايٌ

(٩) قَبِلْتُ الدَّرَّاجَةَ الْجَدِيدَةَ .................... صَدِيقِي

(١٠) هَلْ يُوسُفُ .................... خَيْرٍ؟

8. Rearrange the words to form correct and meaningful sentences and vocalize fully:

(١) و ، القميص ، التنورة ، الدولاب ، في

(٢) هل ، الذكية ، الجامعة ، السيدة ، في

(٣) عَلى ، الطفلة ، الكرسيّ ، تجلس

(٤) المخلصات ، المسجد ، في ، المؤمنات ، الكبير

(٥) المختبر ، من ، المستمع ، قادم ، المجتهد

(٦) إلى ، الطرد ، المركز ، أحمل ، الخفيف

(٧) اللطيفتان ، تونس ، من ، الأجنبيتان

(٨) السهل ، فشلت ، في ، الاختبار ، هل ، سلمى ، ؟

(٩) لله ، أنا ، خير ، ب ، الحمد

(١٠) عندك ، و ، هل ، القرآن ، القاموس

9. Give the appropriate interrogative particles:

(١) ................ حَالُ الْوَلَدِ الْمَرِيضِ؟

(٢) إِلَى ................ اَلسَّائِقُ الْغَافِلُ ذَاهِبٌ؟

(٣) ................ الْمُتَّهَمُ؟

(٤) ................ الْمُؤَلِّفُ الْمَشْهُورُ؟

(٥) ................ اسْمُ الْمُجْرِمِ الْمَاكِرِ؟

(٦) مِنْ ................ الْمُسَافِرَةُ قَادِمَةٌ؟

(٧) ................ هٰذَا يَا سُلَيْمَانُ؟

(٨) ................ تَفْهَمِينَ الْقِصَّةَ يَا خَيْرَ النِّسَاءِ؟

(٩) ................ اَلْمَرْأَةُ الصَّالِحَةُ؟

(١٠) ................ فِي الدُّرْجِ مِمْسَحَةٌ أَمْ قَلَمٌ؟

10. Translate into Arabic:
   a. This is a heavy desk and that is a broken bench.
   b. Do you have a pen?
   c. He returns from the restaurant.
   d. What is on the long shelf?
   e. The bag of the boy is on the cupboard.
   f. The two Muslims are absent.
   g. What is the name of the accused?
   h. Do you (f) ride a camel or a donkey?
   i. In the hotel are friendly foreigners (f).
   j. Is she a servant or a cook?

147

## Exercise Two

1. Give the plural for the underlined words:

(١) اَلطَّبَّاخَةُ الْمَاهِرَةُ فِي الْمَطْبَخِ

(٢) اَلنَّجَّارَانِ الْمُجْتَهِدَانِ فِي الْمَصْنَعِ

(٣) اَلْمُعَلِّمُ وَالْمُدَرِّسَةُ صَدِيقَانِ

(٤) قَرَأَ الْمُؤْمِنُ كِتَابَ اللّٰهِ

(٥) هَلِ الْمُدِيرَةُ الْعَادِلَةُ فِي الْمَعْهَدِ؟

(٦) كَيْفَ الْوَالِدُ يَا مُعَلِّمُ؟

(٧) مَا اِسْمُ الْبِنْتِ يَا مَدِيحَةُ؟

(٨) أَيْنَ الْمُهَنْدِسَةُ النَّشِيطَةُ؟

(٩) مَنِ الطَّالِبَةُ الْمَشْغُولَةُ؟

(١٠) هَلْ هُوَ مُدِيرٌ مُهَذَّبٌ؟

2. Answer the following questions:

(١) مَا هٰذَا؟

(٢) كَيْفَ حَالُكِ؟

(٣) مِنْ أَيْنَ الْخَادِمُ قَادِمٌ؟

(٤) أَيْنَ الْمُصَوِّرُ؟

(٥) هَلْ كَتَبَتِ الْكَاتِبَةُ الْمَقَالَةَ فِي الْمَجَلَّةِ؟

(٦) هَلْ عِنْدَهُ سَيَّارَةٌ أَمْ دَرَّاجَةٌ؟

(٧) مَنِ الْمُنَافِقُ؟

(٨) إِلَى أَيْنَ السَّائِقُ ذَاهِبٌ؟

(٩) هَلْ هُوَ جُنْدِيٌّ قَوِيٌّ أَمْ ضَعِيفٌ؟

(١٠) مَا تِلْكَ؟

3. Give the opposite for the underlined words:

(١) اَلْعَامِلُ الْخَامِلُ حَاضِرٌ

(٢) اَلْمُرْشِدُ الْعَادِلُ قَصِيرٌ

(٣) اَلطَّالِبَةُ الْغَبِيَّةُ فِي الْفَصْلِ

(٤) هَلِ الْمُحَاضِرُ الْفَاضِلُ غَائِبٌ؟

(٥) اَلْمَرْكَزُ مُغْلَقٌ

(٦) اَلْمَرْأَةُ الْحَزِينَةُ فِي صَالَةِ الْجَامِعَةِ

(٧) اَلْفُسْتَانُ وَسِخٌ

(٨) هُوَ قَادِمٌ مِنَ الصَّفِّ

(٩) هَلْ تَقْرَأُ خَدِيجَةُ الدَّرْسَ السَّهْلَ؟

(١٠) لَا ، اَلْحَلَّاقَةُ جَمِيلَةٌ

4. Supply the missing particles:

(١) هَلْ شَرِبْتَ شَايًا .................... قَهْوَةً؟

(٢) .................... الطَّائِرَةُ الْجَدِيدَةُ؟

(٣) إِلَى .................... أَنْتِ ذَاهِبَةٌ؟

(٤) .................... حَالِي يَا طَبِيبُ؟

(٥) مِنْ .................... الْقَامُوسُ؟

(٦) أَخَذْتُ الْمِسْطَرَةَ .................... اَلْمِمْسَحَةَ

(٧) .................... اِسْمُ الْأُسْتَاذَةِ؟

(٨) .................... الشَّوْكَةُ وَ الْمِلْعَقَةُ ثَقِيلَتَانِ؟

(٩) مِنْ .................... الْأَجْنَبِيُّ الْأَنِيسُ؟

(١٠) يَخْرُجُ مِنَ الْبَابِ .................... مِنَ النَّافِذَةِ؟

5. Link the person with the place by choosing the appropriate word in brackets:

(السُّوقِ ، اَلْمَصْنَعِ ، اَلْمُخْتَبَرِ ، اَلْعِيَادَةِ ، اَلْمَطْبَخِ ، اَلْمَكْتَبَةِ ، اَلْمَدْرَسَةِ ، اَلْمَسْجِدِ ، اَلْجَامِعَةِ ، اَلْبَيْتِ)

| | | | |
|---|---|---|---|
| (١) | اَلْمُدَرِّسَةُ فِي .................... | (٦) | اَلْأُسْتَاذُ فِي .................... |
| (٢) | اَلْخَادِمُ فِي .................... | (٧) | اَلطَّبَّاخَةُ فِي .................... |
| (٣) | اَلتَّاجِرُ فِي .................... | (٨) | اَلْعَامِلُ فِي .................... |
| (٤) | اَلْمُمَرِّضَةُ فِي .................... | (٩) | اَلْمُسْلِمُ فِي .................... |
| (٥) | اَلْمُسْتَمِعُ فِي .................... | (١٠) | اَلْمُؤَلِّفُ فِي .................... |

6. Change the following sentences into the singular:

(١) اَلْبَابَانِ الصَّغِيرَانِ مَفْتُوحَانِ
(٢) اَلْمُجْرِمَاتُ غَبِيَّاتٌ
(٣) اَلْبَيْتَانِ الْجَمِيلَانِ مُغْلَقَانِ
(٤) اَلْمُهَنْدِسُونَ مَوْجُودُونَ فِي الشَّرِكَةِ
(٥) اَلْجَنُوبُ اِفْرِيقِيُّونَ ذَاهِبُونَ إِلَى الشَّرْقِ
(٦) اَلطِّفْلَتَانِ حَاضِرَتَانِ
(٧) اَلْمُدِيرُونَ الصَّالِحُونَ مُسْلِمُونَ
(٨) اَلْهَامِشَانِ وَاسِعَانِ
(٩) اَلْمُسَافِرُونَ فِي الْفُنْدُقِ
(١٠) اَلْكِتَابَانِ الرَّخِيصَانِ فِي الدُّرْجِ

7. Change the verb into the perfect tense:

(١) أَدْرُسُ كِتَابَ اللهِ

(٢) أَنْتَ تَذْهَبُ إِلَى بَيْتِ الْحَاكِمِ

(٣) يَشْرَحُ الْمُدَرِّسُ الرِّسَالَةَ الْقَصِيرَةَ

(٤) تَعْمَلُ فَاطِمَةُ فِي الشَّرِكَةِ

(٥) آخُذُ فِنْجَانَ الشَّايِ

(٦) هِيَ تَقْرَأُ خِطَابَ الْوَلَدِ

(٧) هَلْ أَنْتَ تَرْكَبُ الْحِصَانَ

(٨) أَسْمَعُ صَوْتَ الْحِمَارِ

(٩) أَنْتِ تَشْكُرِينَ وَالِدَةَ الطَّالِبِ

(١٠) هِيَ تَقْبَلُ الْهَدِيَّةَ مِنَ الرَّجُلِ

8. Choose the correct word:

(١) اَلْفَلَّاحُونَ الْمُحْتَرَمُونَ (فَاضِلَانِ / فَاضِلُونَ)

(٢) دَخَلْتُ (الشَّرِكَةَ / الشَّرِكَةُ) لَيْلًا

(٣) اَلْمُحَاضِرَانِ الْغَاضِبَانِ (أَمْرِيكِيُّونَ / أَمْرِيكِيَّانِ)

(٤) (فَهِمَ / يَرْكَبُ) الطَّائِرَةَ

(٥) (هَلْ / كَيْفَ) حَالُكَ الْيَوْمَ؟

(٦) هٰذَا عَامٌ (جَدِيدًا / جَدِيدٌ)

(٧) (أَنَا / أَنْتَ) ذَاهِبٌ إِلَى الرِّيَاضِ

(٨) النَّجَّارُ وَ الْحَلَّاقُ وَ الْفَلَّاحُ (مَوْجُودَانِ / مَوْجُودُونَ)

(٩) يَعْمَلُ الطَّبِيبُ فِي (الْمَطْعَمِ / الْعِيَادَةِ)

(١٠) اَلْمُفَتِّشَةُ (عَادِلَتَانِ / عَادِلَةٌ)

9. Translate into English:

(١) رَجَعْتِ مِنَ الْمَسْجِدِ الْكَبِيرِ

(٢) هَلِ الشَّهْرُ بَارِدٌ أَمْ حَارٌّ؟

(٣) أَشْرَحُ الْمَادَّةَ فِي الصَّفِّ

(٤) يَرْكَبُ الْعَرَبُ الْجَمَلَ

(٥) عِنْدَكَ سَفِينَةٌ وَ سَيَّارَةٌ

(٦) أَيْنَ الْمِلَفُّ وَ دَفْتَرُ التِّلْمِيذَةِ؟

(٧) نَعَمْ ، خَرَجَتْ مِنَ الدُّكَّانِ الصَّغِيرِ

(٨) اَلْعَامِلُونَ وَالْفَلَّاحُونَ فِي الْقَرْيَةِ

(٩) اَلْجَرَسُ الثَّقِيلُ عَلَى الْمِنْضَدَةِ

(١٠) هَلِ الْمُسَافِرَانِ ذَاهِبَانِ إِلَى ''رَأْسِ الرَّجَاءِ الصَّالِحِ''؟

10. Translate into Arabic:
   a. That tall man is friendly.
   b. The sincere mother is in the room.
   c. Do you have a brother and a sister?
   d. Is the pupil hardworking?
   e. The street is long and wide.
   f. This is a short ruler.
   g. She is a cultured lady.
   h. I have a new car and an old bicycle.
   i. You (f) carry a book.
   j. The polite nurse is in the clinic.

152

## Exercise Three

1. Complete with an appropriate verb:

(١) هُوَ ........................ اَلْمَقَالَةَ فِي الْجَرِيدَةِ

(٢) أَنَا ........................ الْخُبْزَ فِي الْمَطْعَمِ

(٣) أَنْتِ ........................ فِي الْمَصْنَعِ

(٤) هِيَ ........................ فِنْجَانَ الْقَهْوَةِ فِي الْغُرْفَةِ

(٥) أَنَا آخُذُ الْجَرِيدَةَ وَ أَنْتَ ........................ الْمَجَلَّةَ

(٦) اَلْمَرْأَةُ الصَّالِحَةُ ........................ الْقُرْآنَ فِي الْمَسْجِدِ

(٧) هَلْ أَنْتِ ........................ الْحِصَانَ؟

(٨) هَلْ هُوَ ........................ أُسْتَاذَهُ فِي الْجَامِعَةِ؟

(٩) أَيْنَ ........................ ؟ فِي الْمَكْتَبَةِ أَمْ فِي الْفَصْلِ؟

(١٠) ........................ اَلطَّالِبَةُ فِي الْاِمْتِحَانِ

2. Choose the odd words out:

(١) السَّفِينَةُ – السَّيَّارَةُ – الْحَافِلَةُ – اَلْحِمَارُ

(٢) اَلْبُرْتُقَالَةُ – التُّفَّاحَةُ – اَلْقَهْوَةُ – اَلْمَوْزَةُ

(٣) لَيْلَةٌ – يَوْمٌ – عَامٌ – شَهْرٌ – غُرْفَةٌ

(٤) اَلْقَلَمُ – اَلدَّفْتَرُ – اَلْمِلْعَقَةُ – اَلْكِتَابُ

(٥) كَاتِبٌ – نَجَّارٌ – صَحَفِيٌّ – مُؤَلِّفٌ

(٦) اَلْمِمْسَحَةُ – اَلصَّحْنُ – اَلْفِنْجَانُ – الْاِبْرِيقُ

(٧) غُرْفَةٌ – حَمَّامٌ – شَرِكَةٌ – مَطْبَخٌ

(٨) فُسْتَانٌ – هَامِشٌ – قَمِيصٌ – تَنُّورَةٌ

(٩) مَعْهَدٌ – جَامِعَةٌ – حُجْرَةٌ – مَدْرَسَةٌ

(١٠) كُرْسِيٌّ – بَطِّيخٌ – طَاوِلَةٌ – سَرِيرٌ – دُولَابٌ

3. Ask a question for each statement:

(١) أَنَا بِخَيْرٍ

(٢) لَا ، اِسْمُهَا حَلِيمَةُ

(٣) أَنَا قَادِمَةٌ مِنْ لَنْدَنْ

(٤) اَلرَّجُلُ الْأَنِيسُ مُهَنْدِسٌ

(٥) اَلدَّرْسُ سَهْلٌ

(٦) نَعَمْ ، هِيَ ذَاهِبَةٌ إِلَى الْمَغْرِبِ

(٧) تَشْرَبُ اللَّبَنَ الْبَارِدَ

(٨) فِي الْإِبْرِيقِ الْكَبِيرِ شَايٌ

(٩) اَلْمِسْطَرَةُ وَ الْمِمْسَحَةُ فِي الدُّرْجِ

(١٠) هٰذِهِ حَدِيقَةُ الْحَيَوَانَاتِ

4. Re-arrange the following words to make correct and meaningful sentences:

(١) اَلْغُرْفَةِ ، فِي ، هَلْ ، سَرِيرٌ ، ؟

(٢) مِنْ ، اَلْمُسَافِرُ ، يَرْجِعُ ، اَلْيَوْمَ ، الشَّرْقِ الْأَوْسَطِ

(٣) جَامِعَةِ ، اَلطَّالِبُ ، اَلْقَاهِرَةِ ، يَذْهَبُ ، إِلَى

(٤) مِنَ ، الْقَلَمَ ، وَ ، أَخَذْتُ ، الدَّفْتَرَ ، الْحَقِيبَةِ

(٥) اَلْمُعَلِّمَةُ ، الصَّعْبَ ، شَرَحَتْ ، الدَّرْسَ

(٦) اَلْمُؤَلِّفُ ، اَلْقِصَّةَ ، فِي ، يَكْتُبُ ، اَلْبَيْتِ

(٧) الْفُنْدُقِ ، فِي ، كَثِيرُونَ ، زَائِرُونَ

(٨) وَلَدَانِ ، عِنْدَهَا ، مُحْتَرَمَانِ ، بِنْتَانِ ، وَ ، مُخْلِصَتَانِ

(٩) عَادِلَانِ ، وَ ، الْمُفَتِّشُ ، الْحَاكِمُ

(١٠) اَللَّيْلَةُ ، ذٰلِكَ ، بَارِدَةٌ ، هٰذِهِ ، حَارٌّ ، يَوْمٌ ، وَ

5. Answer each question by using the appropriate word in brackets:

(مُمَرِّضٌ ، فِي الْمَطْعَمِ ، فِي الْفُرْنِ ، مُؤَلِّفٌ ، فِي جُنُوبِ اِفْرِيقِيَا ، فِي الْجَامِعَةِ ، اَلْخَادِمُ ، فِي الثَّلَّاجَةِ ، صَحَفِيٌّ ، سَائِقٌ)

(١) مَنْ يَعْمَلُ فِي الْبَيْتِ؟

(٢) أَيْنَ الْخُبْزُ؟

(٣) مَنْ يَعْمَلُ فِي الْعِيَادَةِ؟

(٤) أَيْنَ اللَّبَنُ؟

(٥) مَنْ يَكْتُبُ فِي الْكِتَابِ؟

(٦) أَيْنَ تَأْكُلُ **الطَّعَامَ؟**

(٧) مَنْ يَكْتُبُ فِي الْجَرِيدَةِ؟

(٨) أَيْنَ يَدْرُسُ الطَّالِبُ؟

(٩) مَنْ يَرْكَبُ السَّيَّارَةَ؟

(١٠) أَيْنَ كِيبْ تَاون؟

6. Link up the appropriate grammatical term with the underlined word:

(أَدَاةُ الْاِسْتِفْهَامِ ، اَلْمُثَنَّى ، اَلْفِعْلُ الْمَاضِي ، اَلْخَبَرُ ، حَرْفُ الْجَرِّ ، حَرْفُ الْعَطْفِ ،
جَمْعُ الْمُذَكَّرِ السَّالِمُ ، الْفَاعِلُ ، اَلْفِعْلُ الْمُضَارِعُ ، اَلْمَفْعُولُ بِهِ)

(١) اَلرَّجُلُ الْغَنِيُّ بَخِيلٌ

(٢) قَرَأَتْ زَيْنَبُ الْمَسْرَحِيَّةَ

(٣) يَدْرُسُ الطَّالِبُ اللُّغَةَ الْعَرَبِيَّةَ

(٤) هَلِ الْمَرْأَةُ فِي الدُّكَّانِ؟

(٥) أَمَرَ الْمُدِيرُ طَالِبًا بِالْخُرُوجِ

(٦) اَلْخَرِيطَةُ فِي الدُّولَابِ

(٧) اَلْجِدَارَانِ كَبِيرَانِ

(٨) يَفْتَحُ بَابَ الْبَيْتِ

(٩) يَدْخُلُ الْوَالِدُ الْغُرْفَةَ وَ يَجْلِسُ عَلَى الْكُرْسِيِّ

(١٠) اَلْمُعَلِّمُونَ الْمُمْتَازُونَ فِي الْمُخْتَبَرِ

7. Give the opposite of the underlined words:

(١) هَلْ هُوَ نَظِيفٌ أَمْ ........................ ؟

(٢) اَلدُّكَّانُ الصَّغِيرُ فِي الْقَرْيَةِ وَ السُّوق ........................ فِي الْمَدِينَةِ

(٣) اَلْمُرْشِدُ السَّمِينُ يَسْكُنُ مَعَ الْمُدِيرِ ........................

(٤) اَلْمَدْرَسَةُ مُغْلَقَةٌ وَ الْجَامِعَةُ ........................

(٥) يَعْمَلُ الْمُوَظَّفُ الْخَامِلُ وَ الْمُهَنْدِسُ ........................ فِي الشَّرِكَةِ

(٦) يَذْهَبُ فِي الصَّبَاحِ إِلَى الْمَدْرَسَةِ وَ ........................ مِنَ الْمَدْرَسَةِ فِي الْمَسَاءِ

(٧) أَيْنَ الْمَرْأَةُ الْكَرِيمَةُ وَ الْبِنْتُ ........................؟

(٨) اَلْأُمُّ حَزِينَةٌ فِي الْبَيْتِ وَ الْأَبُ ........................ فِي الْبُسْتَانِ

(٩) يَقْبَلُ الْوَلَدُ الْفَقِيرُ قَمِيصًا مِنَ الرَّجُلِ ........................

(١٠) اَلْمُؤْمِنُ يَجْلِسُ مَعَ ........................ فِي الْحَافِلَةِ

8. Complete the following tables:

| جَمْعٌ | مُثَنًّى | مُفْرَدٌ |
|---|---|---|
| ........................ | ........................ | بِنْتٌ |
| ........................ | مُدَرِّسَانِ | ........................ |
| مُخْلِصَاتٌ | ........................ | ........................ |
| ........................ | ........................ | مُهَنْدِسٌ |
| ........................ | جَامِعَتَانِ | ........................ |

ب

| اَلْمُضَارِعُ | اَلْمَاضِي | |
|---|---|---|
| ..................... | سَكَنَ | هُوَ |
| تَشْرَبُ | ..................... | هِيَ |
| ..................... | أَخَذْتِ | أَنْتِ |
| ..................... | جَلَسْتَ | أَنْتَ |
| أَقْبَلُ | ..................... | أَنَا |

9. Translate into English:

(١) اَلْعَدُوُّ وَ الصَّدِيقُ رَاجِعَانِ مِنَ الْحَاكِمِ

(٢) هٰذَا بُسْتَانٌ كَبِيرٌ

(٣) مَنِ الْوَلَدُ الصَّادِقُ؟

(٤) عِنْدَهَا ثَلَّاجَةٌ وَ فُرْنٌ فِي الْمَطْبَخِ

(٥) يَقْرَأُ الْمَسْرَحِيَّةَ فِي الْمَعْهَدِ

(٦) مَا اسْمُكَ؟ اِسْمِي أَحْمَدُ

(٧) إِلَى أَيْنَ أَنْتَ ذَاهِبَةٌ؟

(٨) اَلْمُهَاجِرُونَ الصَّالِحُونَ فِي بَيْتِ اللهِ

(٩) يَفْشَلُ التِّلْمِيذُ فِي امْتِحَانِ الْمَدْرَسَةِ

(١٠) سَمِعْتُ صَوْتَ الْجَرَسِ الْكَبِيرِ

10. Translate into Arabic:
    a.   The pen of the teacher (f) is on the table.
    b.   How are the two hardworking farmers?
    c.   The humble nurses (f) are outstanding.
    d.   Muhammad asked me.
    e.   Does she have a new skirt and a clean dress?
    f.   Yes, I went to the market of the city.
    g.   No, that is the new university of South Africa.
    h.   Who is in the bathroom?
    i.   The polytheists are going to the small village.
    j.   She remembers her father.

## Exercise Four

1. Make the verb in brackets agree with its subject:

(١) أَنَا (كَتَبَ) مَقَالَةً فِي الْمَجَلَّةِ

(٢) أَنْتَ (يَفْهَمُ) قِصَّةَ الْكِتَابِ

(٣) هِيَ (جَلَسَ) فِي الْحَدِيقَةِ

(٤) أَنْتَ (قَرَأَ) كِتَابَ اللهِ

(٥) هُوَ (تَدْخُلُ) دِينَ الْأِسْلَامِ

(٦) أَنْتِ (يَنْجَحُ) فِي اِخْتِبَارِ الْجَامِعَةِ

(٧) هِيَ (سَمِعَ) صَوْتَ الْحِصَانِ

(٨) أَنَا (ذَهَبَ) إِلَى الْمَمْلَكَةِ الْعَرَبِيَّةِ السَّعُودِيَّةِ

(٩) أَنْتَ (رَجَعَ) مِنْ لِيبِيَا

(١٠) هَلْ هِيَ (يَذْكُرُ) اِسْمَ اللهِ

2. Choose the correct words from those in brackets:

(١) (كَيْفَ / مَنْ) صِحَّةُ الْوَالِدَةِ الْمَرِيضَةِ؟

(٢) مَنْ (هٰذَا / هٰذِهِ) الْمُوَظَّفُ الْمُخْلِصُ؟

(٣) أَخَذْتُ الْخُبْزَ (أَمْ / وَ) عَصِيرَ الْبَطِّيخِ

(٤) اَلصُّنْدُوقُ الثَّقِيلُ (مَفْتُوحٌ / مَفْتُوحًا)

(٥) يَشْرَحُ الْأُسْتَاذُ (الْمَسْرَحِيَّةَ / الْمَسْرَحِيَّةُ)

(٦) (هَلْ / أَيْنَ) الْخَرِيطَةُ؟

(٧) مِنْ (أَيْنَ / مَا) اَلطَّائِرَةُ قَادِمَةٌ؟

(٨) هَلْ (عِنْدَكَ / عِنْدِي) سَاعَةٌ يَا عَلِيُّ؟

(٩) (أَعْرِفُ / يَسْكُنُ) الطَّالِبُ

(١٠) هَلْ أَنْتِ (قَادِمَةٌ / ذَاهِبَةٌ) مِنْ أَمْرِيكَا؟

3. Fill in the appropriate particles:

(١) ................. مِهْنَتُهُ يَا وَلَدُ؟

(٢) ................. هُوَ فِي مُخْتَبَرِ الْجَامِعَةِ؟

(٣) الْأُخْتُ ................. الْأَخُ حَاضِرَانِ

(٤) مِنْ ................. هُوَ قَادِمٌ؟

(٥) ................. الْفُسْتَانُ جَدِيدٌ أَمْ قَدِيمٌ؟

(٦) ................. اِسْمُ الْمُسْتَمِعِ يَا دَاوُودُ؟

(٧) هَلْ دَخَلَ الْمُتَرْجِمُ فَصْلَ الْجَامِعَةِ ................. فَصْلَ الْمَدْرَسَةِ؟

(٨) ................. رَجَعَ مِنْ جَامِعَةِ الرِّيَاضِ؟

(٩) ................. صِحَّةُ الْمَرِيضِ؟

(١٠) هَلِ الْحَافِلَةُ سَلِيمَةٌ ................. مَكْسُورَةٌ؟

4. Fill in the appropriate prepositions:

(١) الْمِلْعَقَةُ ................. الدُّرْجِ

(٢) رَجَعْتُ ................. الْعِيَادَةِ

(٣) الْحَقِيبَةُ ................. الرَّفِّ

(٤) أَيْنَ الْأُسْتَاذُ ذَاهِبٌ؟ .................

(٥) أَيْنَ الْمُسَافِرُ قَادِمٌ؟ .................

(٦) قَرَأَ الْقُرْآنَ ................. الْمَسْجِدِ

(٧) يَجْلِسُ ................. الْكُرْسِيِّ

(٨) آخُذُ اللَّبَنَ ................. الثَّلَّاجَةِ

(٩) هَلِ الْقِدْرُ ................. الْفُرْنِ؟

(١٠) يَعْمَلُ الْعَامِلُ ................. الْمَصْنَعِ

5. a. Give the opposite of the underlined words:

(١) يَدْرُسُ الطَّالِبُ <u>الذَّكِيُّ</u> فِي الْمَكْتَبَةِ

(٢) اَلْمُعَلِّمُونَ <u>الْغَائِبُونَ</u> مَشْهُورُونَ

(٣) اَلْمِنْضَدَةُ <u>الطَّوِيلَةُ</u> فِي الْحَدِيقَةِ

(٤) اَلشَّارِعُ <u>ضَيِّقٌ</u>

(٥) اَلْبَيْتُ <u>الْمَفْتُوحُ</u> كَبِيرٌ

b. Give the synonym of the underlined words:

(١) <u>اَلْمَائِدَةُ</u> فِي الْمَطْبَخِ

(٢) شَكَرَ <u>التِّلْمِيذُ</u> الْمُدَرِّسَةَ

(٣) تَكْتُبُ <u>الرِّسَالَةَ</u> الطَّوِيلَةَ

(٤) فَتَحْتُ <u>الشُّبَّاكَ</u>

(٥) <u>صَفُّ</u> الْمَدْرَسَةِ وَسِخٌ

6. Correct the mistakes in the following sentences:

(١) خَرَجَ الْمَرْأَةُ مِنَ الدُّكَّانِ

(٢) يَسْمَعُ الصَّوْتَ الْحِمَارِ

(٣) عَرَفْتُ هُوَ الْمُتَرْجِمَةَ

(٤) مَنْ هٰذَا؟ هٰذَا كِتَابٌ

(٥) فِي الدُّولَابِ قَمِيصًا وَ فُسْتَانٌ وَ تَنُّورَةٌ

(٦) اَلْمُسْلِمُونَ الصَّالِحَانِ فِي الْمَسْجِدِ

(٧) هَلِ الطِّفْلَةُ جَمِيلَةٌ وَ قَبِيحَةٌ؟

(٨) أَجْلِسِينَ عَلَى الْمِنْضَدَةِ

(٩) يَفْهَمُ الدَّرْسَ الطَّوِيلَةَ

(١٠) آخَذَ الْجَرِيدَةَ مِنَ الْمَكْتَبَةِ

7. Vocalize the following:

(١) يعرف الوالد ابن المدير

(٢) خرجت من البيت الكبير

(٣) من في مركز المدينة؟

(٤) أعمل في المختبر

(٥) هل عندك ورقة و قلم؟

(٦) فتحه ابن المعلمة

(٧) كيف صحة الطفل؟ هو بخير و الحمد لله

(٨) أنت تقبلين الهديّة من الرجل

(٩) الأستاذ يسكن في القرية الصغيرة

(١٠) يكتب الكاتب قصّة جديدة

8. Re-arrange the following to make correct sentences:

(١) أَيْنَ ، اَلْمُصَوِّرُ ، اَلْمُحْتَرَمُ ، مِنْ ، رَجَعَ

(٢) اَلسَّبُّورَةِ ، اَلدَّرْسَ ، تَكْتُبُ ، عَلَى

(٣) اَلشَّرِيكَانِ ، فِي ، النَّاجِحَانِ ، السُّوقِ ، هَلْ ، ؟

(٤) قَادِمُونَ ، الْحَاكِمُ ، الْمُجْرِمُونَ ، الْعَادِلِ ، مِنْ

(٥) اَللهِ ، يَقْرَأُ ، الْمَسْجِدِ ، فِي ، كِتَابَ

(٦) حَالُ ، اَلْمَرِيضَةِ ، السَّيِّدَةِ ، كَيْفَ ، ؟

(٧) حَقِيبَةُ ، أَيْنَ ، هَا ، مُحَمَّدُ ، يَا ، ؟

(٨) مِنَ ، الدَّفْتَرَ ، الطَّالِبُ ، أَخَذَ ، الدُّرْجِ

(٩) إِلَى ، اَلسَّيِّدُ ، الصَّالَةِ ، يَذْهَبُ

(١٠) فِي ، اَلْمُتَّهَمَةُ ، الشَّارِعِ ، الْمَاكِرَةُ

9. Translate into English:

(١) اَلْفُسْتَانُ وَ الْقَمِيصُ فِي دُرْجِ الدُّولَابِ

(٢) أَشْكُرُ مُدِيرَ الْمَعْهَدِ فِي جَامِعَةِ الرِّيَاضِ

(٣) سَمِعْتُ صَوْتَ الْمُدَرِّسِ فِي الْفَصْلِ

(٤) شَرَحَ الْأُسْتَاذُ الْجَدِيدُ الدَّرْسَ الصَّعْبَ عَلَى السَّبُّورَةِ

(٥) هَلْ فَتَحْتَ بَابَ الْمَرْكَزِ؟

(٦) نَعَمْ ، ذَهَبَ الْمُسَافِرُ إِلَى تُونِسَ وَ لِيبِيَا وَ الْمَغْرِبِ وَ السُّودَانِ

(٧) هَلْ تَرْكَبِينَ سَيَّارَةً يَا خَيْرَ النِّسَاءِ؟

(٨) ذٰلِكَ كُرْسِيُّ الْبَيْتِ وَ هٰذِهِ مِنْضَدَةُ الْفَصْلِ

(٩) تَذْكُرُ السَّيِّدَةُ اِسْمَ الْحَاكِمِ الصَّالِحِ

(١٠) آمُرُ التِّلْمِيذَةَ وَ الطِّفْلَةَ بِالصَّلَاةِ

10. Translate into Arabic:
   a. I entered the classroom.
   b. The short boy ate the apple.
   c. Your old pen is on the desk.
   d. Who is this? This is a married woman.
   e. Do you (f) have a pen and a ruler?
   f. What is the name of the professor? His name is 'Abdullah 'Ali.
   g. Are the sincere believers in the mosque?
   h. The child sits in the garden.
   i. In the city are criminals (m).
   j. He is coming from the airport.

163

## Exercise Five

1. Change the following sentences from

a. Singular to plural: ‏(ا) إِلَى الْجَمْعِ:

(١) اَلْمُحَاضِرَةُ أَنِيسَةٌ

(٢) اَلْمُجْرِمُ مَاكِرٌ

(٣) هَلِ السَّيِّدَةُ مُخْلِصَةٌ؟

(٤) رَجَعْتُ مَعَ الْمُعَلِّمِ الْمُحْتَرَمِ

(٥) أَيْنَ الْمُدِيرَةُ الْعَادِلَةُ؟

b. Singular to dual: ‏(ب) إِلَى الْمُثَنَّى:

(١) هَلِ الطَّالِبُ فِي الْفَصْلِ؟

(٢) مِنْ أَيْنَ الْأُسْتَاذُ الْمُجْتَهِدُ؟

(٣) اَلشَّرِكَةُ مَشْغُولَةٌ

(٤) اَلْمُخْتَبَرُ مُفِيدٌ

(٥) كَتَبَ الْمُؤَلِّفُ قِصَّةً قَصِيرَةً

2. Give the correct form of the verb in brackets:

a. perfect/past tense: ‏(ا) اَلْفِعْلُ الْمَاضِي:

(١) هُوَ (دَرَسَتْ) الْمَادَّةَ

(٢) أَنْتَ (فَهِمَ) الْمَسْرَحِيَّةَ

(٣) أَنَا (ذَهَبَ) إِلَى الْمَرْكَزِ

(٤) هِيَ (نَجَحَ) فِي امْتِحَانِ الْمَدْرَسَةِ

(٥) أَنْتَ (رَجَعَ) مِنْ مَكَّةَ الْمُكَرَّمَةِ

b. present tense:

(ب) اَلْفِعْلُ الْمُضَارِعُ:

(١) أَنَا (أَكَلَ) الْبُرْتُقَالَةَ

(٢) هِيَ (أَخَذَ) السَّيَّارَةَ

(٣) أَنْتَ (رَكِبَ) الْحِصَانَ

(٤) هُوَ (خَرَجَ) مِنَ الشَّقَّةِ

(٥) أَنْتَ (شَكَرَ) الْمُدِيرَ وَ الْمُعَلِّمَ

3. Complete the following using

a. an appropriate adjective:

(ا) اَلصِّفَةُ:

(١) اَلسَّيَّارَةُ .......................... فِي الْمَصْنَعِ

(٢) اَلسَّيِّدُ .......................... شَكَرَنِي

(٣) يَدْرُسُ الْمَادَّةَ .......................... فِي الْمَدْرَسَةِ

(٤) اَلْمُرْشِدَةُ .......................... تَذْكُرُ اِسْمَهُ فِي الْجَرِيدَةِ

(٥) اَلْبَابُ .......................... مَكْسُورٌ

b. a described noun:

(ب) اَلْمَوْصُوفُ:

(١) هَلِ .......................... الْفَاضِلَانِ مَوْجُودَانِ

(٢) كَتَبَ .......................... الْمُمْتَازُ الْمَسْرَحِيَّةَ

(٣) يَقْرَأُ .......................... الْقَصِيرَةَ فِي الْجَرِيدَةِ

(٤) تَسْكُنُ الشَّاعِرَةُ فِي .......................... اَلْجَمِيلِ

(٥) أَدْرُسُ .......................... الْعَرَبِيَّةَ

4. Supply

a. prepositions: (ا) حُرُوفُ الْجَرِّ:

(١) ........................ أَيْنَ الْمُسَافِرَةُ ذَاهِبَةٌ؟

(٢) اَلْمُصَوِّرُ مَوْجُودٌ ........................ الشَّرِكَةِ

(٣) اَلْمِلْعَقَةُ وَ فِنْجَانُ الْقَهْوَةِ ........................ الطَّاوِلَةِ

(٤) أَخَذَ الْوَلَدُ قَمِيصًا ........................ الدُّولَابِ

(٥) هَلْ هُوَ ........................ خَيْرٍ؟

b. interrogative particles: (ب) أَدَوَاتُ الْاِسْتِفْهَامِ:

(١) ........................ اِسْمُ الْمُنَافِقِ؟

(٢) مِنْ ........................ الْكَافِرُ؟

(٣) ........................ الْمُشْرِكُ الْمَاكِرُ؟

(٤) ........................ هِيَ خَبَّازَةٌ أَمْ طَبَّاخَةٌ

(٥) ........................ حَالُ الْحَاكِمِ؟

5. Correct the mistakes in the following sentences:

(١) ذَهَبَةٌ إِلَى الْمَعْهَدِ

(٢) اَلْمُنَافِقُونَ كَافِرَانِ

(٣) أَخَذْتُ الْخُبْزَ الْحَارَّةَ

(٤) كَتَبْتُ الْكِتَابُ فِي الْمَكْتَبَةِ

(٥) هَلْ هُوَ رَاجِعَةٌ مِنَ الْجَامِعَةِ؟

(٦) اَلْمُدَرِّسَةُ الْمُحْتَرَمُ فِي الْمَدْرَسَةِ

(٧) أَنْتِ تَفْتَحُ النَّافِذَةَ

(٨) يَشْرَحُ الْأُسْتَاذَةُ الْمَادَّةَ

(٩) أَكَلَ الْبُرْتُقَالَةَ أَوْ التُّفَّاحَةَ

(١٠) اَلسَّبُّورَةُ الْمُفِيدُ

6. Give the grammatical term in Arabic for each underlined word:

(١) يَأْمُرُ الْمُدِيرُ <u>الطَّالِبَ</u> إِلَى الْفَصْلِ

(٢) مَنْ <u>فِي</u> الْحَمَّامِ النَّظِيفِ؟

(٣) اَلْمُحَاضِرُ <u>ذَاهِبٌ</u> إِلَى مَكْتَبَةِ الْجَامِعَةِ

(٤) <u>هُوَ</u> عَدُوُّ اللهِ

(٥) <u>اَلْمُؤْمِنُونَ</u> الصَّالِحُونَ ذَاهِبُونَ اِلَى الْمَسْجِدِ

(٦) تَسْمَعُ <u>الْمُتَزَوِّجَةُ</u> الْمُتَدَيِّنَةُ نَصَائِحَ زَوْجِهَا

(٧) <u>يَشْرَحُ</u> الرَّجُلُ الْمُثَقَّفُ قِصَّةَ الْكِتَابِ

(٨) <u>هَلْ</u> قَبِلَ الْأُسْتَاذُ الْهَدِيَّةَ؟

(٩) اَلطِّفْلاَنِ <u>نَائِمَانِ</u> فِي الْحَافِلَةِ

(١٠) اَلشَّرِيكُ النَّاجِحُ فِي <u>الشَّرِكَةِ</u>

7. Read the following short text carefully and thereafter answer the questions below:

## الطَّالِبُ الذَّكِيُّ

اِبْنُ الْمُدِيرِ طَالِبٌ فِي الْمَدْرَسَةِ الصَّغِيرَةِ . اِسْمُهُ نَظِيمٌ . هُوَ طَالِبٌ ذَكِيٌّ . فِي الصَّبَاحِ يَذْهَبُ إِلَى الْمَدْرَسَةِ . يَدْرُسُ فِيهَا اللُّغَةَ الْعَرَبِيَّةَ . يَدْخُلُ الْفَصْلَ مُبَكِّرًا ، يَكْتُبُ الدَّرْسَ الْجَدِيدَ مِنَ السَّبُّورَةِ . بَعْدَ ذٰلِكَ يَكْتُبُ الْاِخْتِبَارَ ثُمَّ يَقْرَأُ قِصَّةً قَصِيرَةً مِنْ كِتَابٍ مُفِيدٍ . بَعْدَ الدَّرْسِ يَشْكُرُ الْمُعَلِّمَ وَ يَرْجِعُ إِلَى بَيْتِهِ .

(١) هَلْ اِبْنُ الْمُدِيرِ طَالِبٌ؟

(٢) مَا اِسْمُهُ؟

(٣) هَلْ هُوَ ذَكِيٌّ أَمْ غَبِيٌّ؟

(٤) إِلَى أَيْنَ يَذْهَبُ فِي الصَّبَاحِ؟

(٥) هَلْ يَدْرُسُ اللُّغَةَ الْاِنْكْلِيزِيَّةَ أَمْ اللُّغَةَ الْعَرَبِيَّةَ؟

(٦) هَلْ يَكْتُبُ مِنَ السَّبُّورَةِ دَرْسًا قَدِيمًا؟

(٧) مَتَى يَكْتُبُ الْاِخْتِبَارَ؟

(٨) مِنْ أَيْنَ يَقْرَأُ قِصَّةً قَصِيرَةً؟

(٩) هَلْ يَشْكُرُ الطَّالِبُ الْمُدَرِّسَ؟

(١٠) إِلَى أَيْنَ يَرْجِعُ بَعْدَ الدَّرْسِ؟

8. a. Choose the odd one out of the words given: (ا) اَلْاِخْتِيَارُ:

(١) كُوبٌ – مِلْعَقَةٌ – اِبْرِيقٌ – فِنْجَانٌ

(٢) مَجَلَّةٌ – كِتَابٌ – جَرِيدَةٌ – قَلَمٌ

(٣) كَتَبَ – دَرَسَ – شَكَرَ – قَرَأَ

(٤) نَافِذَةٌ – بَابٌ – جِدَارٌ – سَرِيرٌ

(٥) تَرْجِعُ – تَكْتُبُ – تَذْهَبُ – تَخْرُجُ

b. Re-arrange the following to make correct sentences: (ب) اَلتَّرْتِيبُ:

(١) رَاجِعٌ ، الزَّائِرُ ، الشَّرْقِ الْأَوْسَطِ ، مِنْ ، هَلْ ، ؟

(٢) اَلثَّقِيلَ ، أَحْمِلُ ، إِلَى ، الْغُرْفَةِ ، الصُّنْدُوقَ

(٣) اَلْحَدِيقَةِ ، تَجْلِسُ ، النَّظِيفَةِ ، اَلْبِنْتُ ، فِي

(٤) اَلرَّجُلُ ، هَلْ ، يَسْكُنُ ، أَمْ ، فِي ، فِي ،مِصْرَ ، الشَّامِ ، ؟

(٥) اَلْمَسْجِدِ ، الصَّالِحُ ، الْمُسْلِمُ ، فِي ، يَقْرَأُ ، الْقُرْآنَ

9. Translate into English:

(١) هَلْ تَذْكُرِينَ صَدِيقَكِ يَا مَرْيَمُ؟

(٢) هُوَ يَفْهَمُ الْمَادَّةَ الصَّعْبَةَ

(٣) اَلْمُمَرِّضَةُ تَعْمَلُ فِي عِيَادَةِ الطَّبِيبِ

(٤) اَلْمُثَقَّفَاتُ الْمُخْلِصَاتُ ذَاهِبَاتٌ إِلَى الْمَعْهَدِ

(٥) هَلْ عِنْدَكَ قَلَمُ الطَّالِبِ وَ دَفْتَرِي؟

(٦) نَعَمْ ، رَجَعْتُ مِنْ جَامِعَةِ جَنُوبِ اِفْرِيقِيَّا

(٧) لَا ، حَمَلْتُهَا إِلَى جَدَّتِهَا لَيْلًا

(٨) مَنْ قَرَأَ كِتَابَ اللهِ فِي بَيْتِهِ

(٩) يَأْمُرُ اللهُ عَبْدَهُ رَسُولَ اللهِ

(١٠) سَمِعَتِ الْأُسْتَاذَةُ صَوْتَ الْوَلَدِ فِي الشَّارِعِ

10. Translate into Arabic:

a. The student lives in the house of the professor (f).
b. Do you (f) sit on the chair or on the bench in the class?
c. No, I have a weak horse and a strong donkey.
d. She reads the Book of Allah in the room.
e. Are you (m) going to the Arabic Language Institute?
f. Yes, he carried me to the classroom.
g. Who are the excellent pupils in the library?
h. That is the bus of the beautiful city.
i. The cultured visitors and the two religious men are in the apartment of the hotel.
j. You (f) opened it (m) and he took the book and the pen from the drawer.

# Conversation

# مُحادَثَةٌ

## (١) تَحِيّاتٌ

## Greetings

هارُونُ : اَلسَّلامُ عَلَيْكُمْ

مَرْيَمُ : وَ عَلَيْكُمُ السَّلامُ

هارُونُ : كَيْفَ حالُكِ يا مَرْيَمُ؟

مَرْيَمُ : أَنَا بِخَيْرٍ وَ الْحَمْدُ لِلّٰهِ ، وَ أَنْتَ يا هارُونُ؟ كَيْفَ الْحالُ؟

هارُونُ : بِخَيْرٍ ، اَلْحَمْدُ لِلّٰهِ

## (٢) تَعارُفٌ

## Acquaintance

اِبْراهِيمُ : اَلسَّلامُ عَلَيْكُمْ

كُلْثُومُ : وَعَلَيْكُمُ السَّلامُ

اِبْراهِيمُ : مَا اسْمُكِ؟

كُلْثُومُ : اِسْمِي كُلْثُومُ . وَ أَنْتَ ، مَا اِسْمُكَ؟

اِبْراهِيمُ : اِسْمِي اِبْراهِيمُ
كُلْثُومُ : هَلْ أَنْتَ طَالِبٌ أَمْ مُدَرِّسٌ؟
اِبْراهِيمُ : أَنَا طَالِبٌ ، وَ مَا مِهْنَتُكِ يَا كُلْثُومُ؟
كُلْثُومُ : أَنَا مُمَرِّضَةٌ
اِبْراهِيمُ : أَيْنَ تَعْمَلِينَ؟
كُلْثُومُ : أَعْمَلُ فِي الْعِيَادَةِ ، هَلْ أَنْتَ مِنْ هٰذِهِ الْمَدِينَةِ؟
اِبْراهِيمُ : لَا ، أَنَا مِنْ دَرْبَنْ ، وَ أَنْتِ؟
كُلْثُومُ : أَنَا مِنْ كَيبْ تَاوْن
اِبْراهِيمُ : أَنَا سَعِيدٌ بِمُقَابَلَتِكِ
كُلْثُومُ : هٰذِهِ فُرْصَةٌ سَعِيدَةٌ
اِبْراهِيمُ : إِلَى اللِّقَاءِ
كُلْثُومُ : مَعَ السَّلَامَةِ

## (٣) فِي اَلْمَكْتَبَةِ

**At the Library**

اِسْحَاقُ : صَبَاحَ الْخَيْرِ
حَلِيمَةُ : صَبَاحَ النُّورِ
اِسْحَاقُ : إِلَى أَيْنَ أَنْتِ ذَاهِبَةٌ؟
حَلِيمَةُ : إِلَى مَكْتَبَةِ الْجَامِعَةِ

اِسْحَاقُ : مَاذَا سَتَفْعَلِينَ هُنَاكَ؟

حَلِيمَةُ : سَأَقْرَأُ جَرِيدَةً وَ مَجَلَّةً ، وَ مَاذَا سَتَفْعَلُ أَنْتَ؟

اِسْحَاقُ : أَنَا ذَاهِبٌ إِلَى الْفَصْلِ

حَلِيمَةُ : لٰكِنَّ اَلْآنَ وَقْتُ الِاسْتِرَاحَةِ

اِسْحَاقُ : سَأَكْتُبُ الدَّرْسَ الْجَدِيدَ عَلَى السَّبُّورَةِ

حَلِيمَةُ : إِذَنْ سَأَرَاكَ بَعْدَ حِصَّةِ اللُّغَةِ الْعَرَبِيَّةِ

اِسْحَاقُ : إِنْ شَاءَ اللّٰهُ ، إِلَى اللِّقَاءِ

حَلِيمَةُ : مَعَ السَّلَامَةِ

## (٤) الدِّينُ

## Religion

سَلْمَانُ : مَسَاءَ الْخَيْرِ

سَلْمَى : مَسَاءَ النُّورِ

سَلْمَانُ : إِلَى أَيْنَ أَنْتِ ذَاهِبَةٌ؟

سَلْمَى : إِلَى الْكَنِيسَةِ

سَلْمَانُ : إِذَنْ ، أَنْتِ نَصْرَانِيَّةٌ

سَلْمَى : نَعَمْ ، وَ هَلْ أَنْتَ نَصْرَانِيٌّ أَيْضًا

سَلْمَانُ : لَا ، أَنَا مُسْلِمٌ وَ دِينِي الْأَسْلَامُ

سَلْمَى : مَا عَقِيدَةُ الْأَسْلَامِ؟

سَلْمَانُ : لَايُشْرِكُ الْمُسْلِمُ بِاللّٰهِ شَيْئًا أَبَدًا ، وَ يَعْبُدُ اللّٰهَ فَقَطْ
سَلْمَى : أُرِيدُ أَنْ أَعْرِفَ دِينَ الْأَسْلَامِ
سَلْمَانُ : تَفَضَّلِي مَعِي إِلَى الْمَسْجِدِ
سَلْمَى : شُكْرًا جَزِيلًا ، هٰذِهِ فُرْصَةٌ ذَهَبِيَّةٌ

(٥)

## أُسْرَتِي

## My Family

مُمْتَازٌ : اَلسَّلَامُ عَلَيْكُمْ
زَاهِدَةُ : وَ عَلَيْكُمُ السَّلَامُ ، أَهْلًا وَ سَهْلًا ، تَفَضَّلْ
مُمْتَازٌ : شُكْرًا يَا زَاهِدَةُ
زَاهِدَةُ : كَيْفَ حَالُكَ يَا مُمْتَازٌ
مُمْتَازٌ : أَنَا بِخَيْرٍ وَالْحَمْدُ لِلّٰهِ ، وَ أَنْتِ؟
زَاهِدَةُ : طَيِّبَةٌ ، كَيْفَ زَوْجَتُكَ وَ الْأَوْلَادُ؟
مُمْتَازٌ : كُلُّهُمْ طَيِّبُونَ ، لٰكِنَّ وَالِدَتِي مَرِيضَةٌ جِدًّا
زَاهِدَةُ : شَفَاهَا اللّٰهُ
مُمْتَازٌ : وَ كَيْفَ حَالُ وَالِدِكِ؟
زَاهِدَةُ : هُوَ بِخَيْرٍ

مُمْتَازٌ : مَاذَا يفْعَلُ؟

زَاهِدَةُ : مَا زَالَ تَاجِرًا

مُمْتَازٌ : هَلْ اَخُوكِ أَيْضًا تَاجِرٌ؟

زَاهِدَةُ : لَا ، أَخِي مُحَاسِبٌ فِي الشَّرِكَةِ

مُمْتَازٌ : هَلْ هُوَ مُتَزَوِّجٌ؟

زَاهِدَةُ : نَعَمْ ، هُوَ مُتَزَوِّجٌ وَ زَوْجَتُهُ مُتَدَيِّنَةٌ وَ مُتَوَاضِعَةٌ

مُمْتَازٌ : هٰذَا خَبَرٌ طَيِّبٌ ، أُخْتِي الصَّغِيرَةُ مُتَزَوِّجَةٌ أَيْضًا

زَاهِدَةُ : أَيْنَ تَسْكُنُ؟

مُمْتَازٌ : تَسْكُنُ مَعَ جَدِّي وَ جَدَّتِي فِي دِمِشْقَ

زَاهِدَةُ : أَنَا وَ زَوْجِي ذَاهِبَانِ إِلَى بَغْدَادَ

مُمْتَازٌ : مَتَى؟

زَاهِدَةُ : غَدًا بَعْدَ الظُّهْرِ ، بِإِذْنِ اللّٰهِ

مُمْتَازٌ : إِذَنْ سَفَرٌ سَعِيدٌ

زَاهِدَةُ : بَارَكَ اللّٰهُ فِيكَ

مُمْتَازٌ : سَنَرَاكُمَا عِنْدَ عَوْدَتِكُمَا ، إِلَى اللِّقَاءِ

زَاهِدَةُ : مَعَ السَّلَامَةِ

وَاعْتَصِمُوا بِحَبْلِ اللّٰهِ جَمِيعًا وَلَا تَفَرَّقُوا

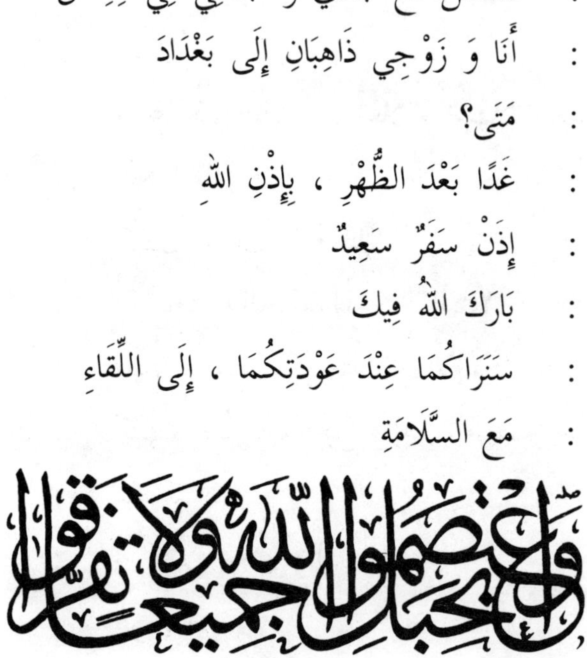

# Poems

# أَنَاشِيدُ

## (١) دُعَاءُ الصَّبَاحِ

### Morning Prayer

يَا اِلٰهِي يَا اِلٰهِي يَا مُجِيبَ الدَّعَوَاتِ
اجْعَلِ الْيَوْمَ سَعِيدًا وَ كَثِيرَ الْبَرَكَاتِ
وَامْلأْ الصَّدْرَ انْشِرَاحًا وَ فَمِي بِالْبَسَمَاتِ
وَ اَعِنِّي فِي دُرُوسِي وَ أَدَاءِ الْوَاجِبَاتِ
وَأَنِرْ عَقْلِي وَ قَلْبِي بِالْعُلُومِ النَّافِعَاتِ
وَ اجْعَلِ التَّوْفِيقَ حَظِّي وَ نَصِيبِي فِي الْحَيَاةِ

## (٢) اَللّٰهُ

### Allah

رَبَّنَا جَلَّ عُلَاهْ مَا لَنَا رَبٌّ سِوَاهْ
كُلُّ مَنْ حَازَ رِضَاهْ أَحْرَزَ الْعُمْرَ الْأَرَبْ

رَبُّنَا اللّٰهُ الْكَرِيمْ دَائِمٌ حَيٌّ قَدِيمْ
أَبْدَعَ الْكَوْنَ الْعَظِيمْ مُودِعًا فِيهِ الْعَجَبْ

مُودِعًا فِيهِ الدَّلِيلْ    إِنَّهُ اللهُ الْجَلِيلْ
مَا لَنَا فِينَا مَثِيلْ    جَلَّ مَا أَعْلَاهُ رَبّ

## (٣) طَلَعَ الْبَدْرُ عَلَيْنَا

**The Moon* has Appeared**

طَلَعَ الْبَدْرُ عَلَيْنَا    مِنْ ثَنِيَّاتِ الْوَدَاعْ
وَجَبَ الشُّكْرُ عَلَيْنَا    مَا دَعَا لِلّٰهِ دَاعْ
أَيُّهَا الْمَبْعُوثُ فِينَا    جِئْتَ بِالْأَمْرِ الْمُطَاعْ
جِئْتَ نَوَّرْتَ الْمَدِينَةْ    مَرْحَبًا يَا خَيْرَ دَاعْ

* The Moon = Muhammad (Sallalahu Alayhi Wasallam)

## (٤) النَّشِيدُ الْأَسْلَامِيُّ

**The Islamic Anthem**

أَضْحٰى الْأَسْلَامُ لَنَا دِينًا    وَ جَمِيعُ الْكَوْنِ لَنَا وَطَنَا
تَوْحِيدُ اللهِ لَنَا نُورٌ    أَعْدَدْنَا الرُّوحَ لَهُ سَكَنَا
بُنِيَتْ فِي الْأَرْضِ مَسَاجِدُنَا    وَالْبَيْتُ الْأَوَّلُ كَعْبَتُنَا
هُوَ أَوَّلُ بَيْتٍ نَحْفَظُهُ    بِحَيَاةِ الرُّوحِ وَ يَحْفَظُنَا
فِي ظِلِّ السَّيْفِ تَرَبِّينَا    وَ بَنَيْنَا الْعِزَّ لِدَوْلَتِنَا
عِلْمُ الْأَسْلَامِ عَلَى الْأَيَّامِ    وَ شِعَارُ الْمَجْدِ لِعِزَّتِنَا

## (٥) اَلتِّلْمِيذُ

**The Pupil**

أَنَا تِلْمِيذٌ صَغِيرُ    اِتَّخَذْتُ الْعِلْمَ نُورًا
يَا تُرَى مَاذَا أَصِيرُ    عِنْدَمَا أَغْدُو كَبِيرًا

هَلْ تُرَى أَغْدُو طَبِيبًا؟    أَوْ زَعِيمًا أَوْ وَزِيرًا؟
اَوْ تُرَى أَغْدُو أَدِيبًا؟    أَوْ صَحَافِيًّا شَهِيرًا؟

أَوْ أَكُونُ مُسْتَشَارًا    يَا تُرَى مَاذَا أَكُونُ؟
إِنَّ لِلْغَيْبِ سِتَارًا    لَاتَخَطَّاهُ الْعُيُونُ

سَوْفَ أَسْعَى غَيْرَ وَانٍ    أَطْلُبُ الْعِلْمَ الْكَثِيرَا
رَاجِيًا نَيْلَ الْأَمَانِي    عِنْدَمَا أَغْدُو كَبِيرًا

# Some Sayings of the Messenger of Allah

## مِنْ أَحَادِيثِ رَسُولِ اللّٰهِ

(١) لَا يُؤْمِنُ أَحَدُكُمْ حَتَّى يُحِبَّ لِأَخِيهِ مَا يُحِبُّ لِنَفْسِهِ

None of you believes until he wishes for his brother what he wishes for himself.

(٢) اَلْمُسْلِمُ مَنْ سَلِمَ الْمُسْلِمُونَ مِنْ لِسَانِهِ وَ يَدِهِ

The Muslim is he from whose tongue and hand the Muslims are safe.

(٣) كُنْ فِي الدُّنْيَا كَأَنَّكَ غَرِيْبٌ أَوْ عَابِرُ سَبِيلٍ

Be in this world as if you were a stranger or a passer-by.

(٤) إِنَّ مِنْ خِيَارِكُمْ أَحْسَنَكُمْ أَخْلَاقًا

Verily the best of you are those who have the best morals.

(٥) لَا يَرْحَمُ اللّٰهُ مَنْ لَا يَرْحَمُ النَّاسَ

Allah does not have mercy on the one who does not show mercy to people

(٦) لَيْسَ مِنَّا مَنْ لَمْ يَرْحَمْ صَغِيرَنَا وَ لَمْ يُوَقِّرْ كَبِيرَنَا

He is not of us he who does not show respect to our young and respect to our elders.

(٧) مَنْ رَأَى مِنْكُمْ مُنْكَرًا فَلْيُغَيِّرْهُ بِيَدِهِ ، فَإِنْ لَمْ يَسْتَطِعْ
فَبِلِسَانِهِ ، فَإِنْ لَمْ يَسْتَطِعْ فَبِقَلْبِهِ ، وَ ذٰلِكَ أَضْعَفُ الْأَيمَانِ

Whoever of you sees a wrong, let him change it with his hand, if he is not able to do so, then with his tongue, if not, then with his heart and that is the weakest form of faith.

# Proverbs

# أَمْثَالٌ

(١) اَلْأَمْثَالُ مَصَابِيحُ الْأَقْوَالِ

The proverbs are the lamps of speech.

(٢) اَلْعَجَلَةُ مِنَ الشَّيْطَانِ وَ التَّأَنِّي مِنَ الرَّحْمَانِ

Impatience is from Shaytan and patience from the Merciful.

(٣) كَلِّمِ النَّاسَ عَلَى قَدْرِ عُقُولِهِمْ

Speak to the people according to their level of understanding.

(٤) أَبُو جَعْرَانٍ فِي بَيْتِهِ سُلْطَانٌ

The beetle is the sultan in his home.

(٥) رَأْسُ الْكَسْلَانِ بَيْتُ الشَّيْطَانِ

The mind of the lazy (person) is the abode of Shaytan.

# Islamic Expressions

# عِبَارَاتٌ إِسْلَامِيَّةٌ

| | |
|---|---|
| If Allah Wills | إِنْ شَاءَ اللّٰهُ |
| What Allah wishes | مَاشَاءَ اللّٰهُ |
| In the Name of Allah | بِسْمِ اللّٰهِ |
| Praise be to Allah | اَلْحَمْدُ لِلّٰهِ |
| Allah is Great | اَللّٰهُ أَكْبَرُ |
| By Allah | وَاللّٰهِ |
| With Allah's permission | بِإِذْنِ اللّٰهِ |
| Peace be upon you | اَلسَّلَامُ عَلَيْكُمْ |
| And peace be upon you too | وَ عَلَيْكُمُ السَّلَامُ |
| May Allah be with you | اَللّٰهُ مَعَكَ |
| May Allah bless you | بَارَكَ اللّٰهُ فِيكَ |
| May Allah help you | أَعَانَكَ اللّٰهُ |
| May Allah be merciful to you | يَرْحَمُكَ اللّٰهُ |

# Oral Expressions

# لِلتَّعْبِيرِ الشَّفَوِيِّ

| | |
|---|---|
| Proceed! | تَفَضَّلْ |
| Welcome! | أَهْلاً وَ سَهْلاً / مَرْحَبًا |
| Go out! | أُخْرُجْ |
| Write! | أُكْتُبْ |
| Read! | إِقْرَأْ |
| Listen! | إِسْتَمِعْ |
| Be silent! | أُسْكُتْ |
| Study! | أُدْرُسْ |
| Please! | مِنْ فَضْلِكَ |
| Thanks very much | شُكْرًا جَزِيلًا |
| Pardon | عَفْوًا |
| Good morning | صَبَاحَ الْخَيْرِ |
| Come here | تَعَالَ هُنَا |
| Good evening | مَسَاءَ الْخَيْرِ |
| Good bye | إِلَى اللِّقَاءِ |
| With peace | مَعَ السَّلَامَةِ |

| | |
|---|---|
| A happy occasion | فُرْصَةٌ سَعِيدَةٌ |
| Fine | طَيِّبٌ /بِخَيْرٍ |
| Take! | خُذْ |
| Give me! | هَاتِ |
| What is the matter with you? | مَا لَكَ؟ |
| Till we meet again | سَنَرَاكَ |

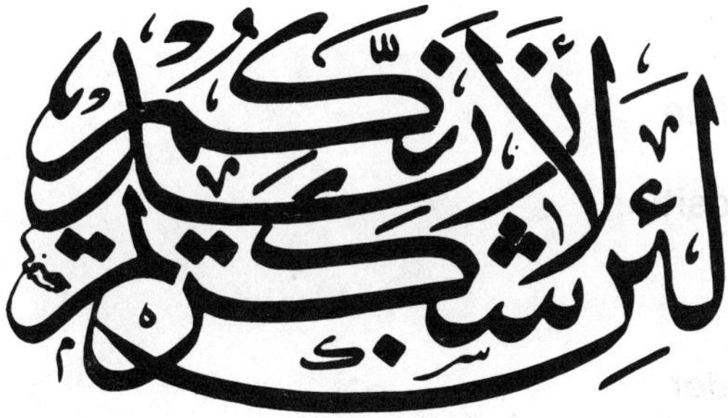

# Arabic Grammatical Terms

## مُصْطَلَحَاتٌ نَحْوِيَّةٌ عَرَبِيَّةٌ

1.  a. Alphabet      اَلْحُرُوفُ الْهِجَائِيَّةُ

     b. Conjunction      حَرْفُ عَطْفٍ

     c. Definite Article      أَدَاةُ التَّعْرِيفِ

     d. Expression      تَعْبِيرٌ

     e. Interrogative Particle      أَدَاةُ الْاِسْتِفْهَامِ

     f. Letter      حَرْفٌ

     g. Noun      إِسْمٌ

     h. Particle      أَدَاةٌ

     i. Preposition      حَرْفُ جَرٍّ

2.  a. Gender      جِنْسٌ

     b. Masculine      مُذَكَّرٌ

     c. Feminine      مُؤَنَّثٌ

3.  a. Number      عَدَدٌ

     b. Singular      مُفْرَدٌ

c. Dual — مُثَنّٰى

d. Plural — جَمْعٌ

e. Sound Plural — جَمْعُ السَّالِمِ

f. Broken Plural — جَمْعُ التَّكْسِيرِ

4. a. Pronoun — ضَمِيرٌ

b. Attached — مُتَّصِلٌ

c. Detached — مُنْفَصِلٌ

5. a. Case — وَجْهٌ

b. Nominative — مَرْفُوعٌ

c. Accusative — مَنْصُوبٌ

d. Genitive — مَجْرُورٌ

6. a. Tenses — أَزْمِنَةُ الْأَفْعَالِ

b. Past — اَلْمَاضِي

c. Present — اَلْمُضَارِعُ = اَلْحَاضِرُ

d. Imperative — اَلْأَمْرُ

7. a. Nunation نَتْوِينٌ

b. Damma ضَمَّةٌ

c. Fatha فَتْحَةٌ

d. Kasra كَسْرَةٌ

8. a. First Person/Speaker مُتَكَلِّمٌ

b. Second Person/Listener مُخَاطَبٌ

c. Third Person/Absentee غَائِبٌ

9. a. Nominal Sentence جُمْلَةٌ إِسْمِيَّةٌ

b. Subject مُبْتَدَأٌ

c. Predicate خَبَرٌ

10. a. Verbal Sentence جُمْلَةٌ فِعْلِيَّةٌ

b. Subject فَاعِلٌ

c. Verb فِعْلٌ

d. Object مَفْعُولٌ بِهِ

11. a. Indefinite      نَكِرَةٌ

    b. Definite      مَعْرِفَةٌ

    c. Adjective      صِفَةٌ

    d. Noun Described      مَوْصُوفٌ

12. a. Construct State      إِضَافَةٌ

    b. Mudafun (first noun)      مُضَافٌ

    c. Mudafun ilayhi (second noun)      مُضَافٌ إِلَيْهِ

# The Pronouns

# اَلضَّمَائِرُ

## The Detached Pronouns

## اَلضَّمَائِرُ الْمُنْفَصِلَةُ

The text below shows the symbols appearing in the following tables.

اَلْمُتَكَلِّمُ = (ت) ، اَلْمُخَاطَبُ = (خ) ، اَلْغَائِبُ = (غ) ، مُذَكَّرٌ = (ر) ، مُؤَنَّثٌ = (ث)

| | مفرد | مثنى | جمع | |
|---|---|---|---|---|
| ت | أَنَا | نَحْنُ | نَحْنُ | ر + ث |
| خ | أَنْتَ | أَنْتُمَا | أَنْتُمْ | ر |
| | أَنْتِ | أَنْتُمَا | أَنْتُنَّ | ث |
| غ | هُوَ | هُمَا | هُمْ | ر |
| | هِيَ | هُمَا | هُنَّ | ث |

## The Attached Pronouns

## اَلضَّمَائِرُ الْمُتَّصِلَةُ

| | مفرد | مثنى | جمع | |
|---|---|---|---|---|
| ت | يِ | نَا | نَا | ر + ث |
| خ | كَ | كُمَا | كُمْ | ر |
| | كِ | كُمَا | كُنَّ | ث |
| غ | هُ | هُمَا | هُمْ | ر |
| | هَا | هُمَا | هُنَّ | ث |

ا
(١) أَنَا مُسْلِمٌ نَحْنُ مُسْلِمَانِ نَحْنُ مُسْلِمُونَ
(٢) أَنْتَ مُسْلِمٌ أَنْتُمَا مُسْلِمَانِ أَنْتُمْ مُسْلِمُونَ
(٣) هِيَ مُسْلِمَةٌ هُمَا مُسْلِمَتَانِ هُنَّ مُسْلِمَاتٌ

ب
(١) هٰذَا كِتَابِي هٰذَا كِتَابُنَا هٰذَا كِتَابُنَا
(٢) هٰذَا كِتَابُكَ هٰذَا كِتَابُكُمَا هٰذَا كِتَابُكُمْ
(٣) هٰذَا كِتَابُهَا هٰذَا كِتَابُهُمَا هٰذَا كِتَابُهُنَّ

# Tenses

## أَزْمِنَةُ الأَفْعَال

### The Perfect/Past Tense Verb

## اَلْفِعْلُ الْمَاضِي

| | جمع | مثنى | مفرد | |
|---|---|---|---|---|
| ر + ث | كَتَبْنَا | كَتَبْنَا | كَتَبْتُ | ت |
| ر | كَتَبْتُمْ | كَتَبْتُمَا | كَتَبْتَ | خ |
| ث | كَتَبْتُنَّ | كَتَبْتُمَا | كَتَبْتِ | |
| ر | كَتَبُوا | كَتَبَا | كَتَبَ | غ |
| ث | كَتَبْنَ | كَتَبَتَا | كَتَبَتْ | |

190

## The Imperfect/Present Tense Verb

## اَلْفِعْلُ الْمُضَارِعُ

| | جمع | مثنى | مفرد | |
|---|---|---|---|---|
| ر + ث | نَكْتُبُ | نَكْتُبُ | أَكْتُبُ | ت |
| ر | تَكْتُبُونَ | تَكْتُبَانِ | تَكْتُبُ | خ |
| ث | تَكْتُبْنَ | تَكْتُبَانِ | تَكْتُبِينَ | |
| ر | يَكْتُبُونَ | يَكْتُبَانِ | يَكْتُبُ | غ |
| ث | يَكْتُبْنَ | تَكْتُبَانِ | تَكْتُبُ | |

## The Imperative/Command

## فِعْلُ الْأَمْرِ

| | | | | |
|---|---|---|---|---|
| ر | أُكْتُبُوا | أُكْتُبَا | أُكْتُبْ | خ |
| ث | أُكْتُبْنَ | | أُكْتُبِي | |

# Vocabulary: English - Arabic

## مُفْرَدَاتٌ : اِنْكْلِيزِيَّةٌ – عَرَبِيَّةٌ

| | |
|---|---|
| Absent | غَائِبٌ |
| Accepted, he | قَبِلَ (ـَ) |
| Accountant | مُحَاسِبٌ |
| Accused | مُتَّهَمٌ |
| Active | نَشِيطٌ |
| Aeroplane | طَائِرَةٌ |
| African | اِفْرِيقِيٌّ |
| Airport | مَطَارٌ |
| American | أَمْرِيكِيٌّ |
| Angry | غَاضِبٌ |
| Animal | حَيَوَانٌ |
| Ant | نَمْلَةٌ |
| Apartment | شَقَّةٌ |
| Apple | تُفَّاحَةٌ |
| Arab | عَرَبِيٌّ |
| Arabic | عَرَبِيَّةٌ |
| Article | مَقَالَةٌ |
| Ask | سَأَلَ (ـَ) |
| At | عِنْدَ |
| Ate, he | أَكَلَ (ـُ) |
| Author | مُؤَلِّفٌ |
| Bag | حَقِيبَةٌ |
| Baker | خَبَّازٌ |
| Barber | حَلَّاقٌ |
| Bathroom | حَمَّامٌ |
| Beautiful | جَمِيلٌ |
| Bed | سَرِيرٌ |
| Believer | مُؤْمِنٌ |
| Banana | مَوْزَةٌ |
| Bicycle | دَرَّاجَةٌ |
| Big | كَبِيرٌ |
| Bird | طَائِرٌ |
| Book | كِتَابٌ |
| Bottle | زُجَاجَةٌ |

| | |
|---|---|
| Box | صَنْدُوقٌ |
| Boy | وَلَدٌ |
| Bread | خُبْزٌ |
| Broken | مَكْسُورٌ |
| Brother | أَخٌ |
| Bus | حَافِلَةٌ |
| Busy | مَشْغُولٌ |
| Camel | جَمَلٌ |
| Car | سَيَّارَةٌ |
| Carpenter | نَجَّارٌ |
| Carried, he | حَمَلَ (ـِـ) |
| Cat | هِرٌّ = قِطٌّ |
| Centre | مَرْكَزٌ |
| Chair | كُرْسِيٌّ |
| Chalkboard | سَبُّورَةٌ |
| Cheap | رَخِيصٌ |
| Child | طِفْلٌ |
| Church | كَنِيسَةٌ |
| City | مَدِينَةٌ |

| | |
|---|---|
| Classroom | صَفٌّ = فَصْلٌ |
| Clean | نَظِيفٌ |
| Clever | ذَكِيٌّ |
| Close | مُغْلَقٌ |
| Cold | بَارِدٌ |
| Coming | قَادِمٌ |
| Company | شَرِكَةٌ |
| Condition | حَالٌ |
| Cook | طَبَّاخٌ |
| Criminal | مُجْرِمٌ |
| Cultured person | مُثَقَّفٌ |
| Cunning | مَاكِرٌ |
| Cupboard | دُولَابٌ |
| Cup | فِنْجَانٌ |
| Day | يَوْمٌ |
| Desk | مَكْتَبٌ |
| Dictionary | قَامُوسٌ |
| Difficult | صَعْبٌ |
| Dirty | وَسِخٌ = قَذِرٌ |

| | |
|---|---|
| Disbeliever | كَافِرٌ |
| Doctor | طَبِيبٌ |
| Dog | كَلْبٌ |
| Donkey | حِمَارٌ |
| Door | بَابٌ |
| Drank, he | شَرِبَ (ـَ) |
| Drawer | دُرْجٌ |
| Dress | فُسْتَانٌ |
| Driver | سَائِقٌ |
| Dull | غَبِيٌّ |
| Easy | سَهْلٌ |
| Egyptian | مِصْرِيٌّ |
| Emigrant | مُهَاجِرٌ |
| Employee | مُوَظَّفٌ |
| Enemy | عَدُوٌّ |
| Engineer | مُهَنْدِسٌ |
| Entered, he | دَخَلَ (ـُ) |
| Evening | سَهْرَةٌ = مَسَاءٌ |
| Examination | اِمْتِحَانٌ |

| | |
|---|---|
| Excellent | مُمْتَازٌ |
| Factory | مَصْنَعٌ = مَعْمَلٌ |
| Failed, he | فَشِلَ (ـَ) |
| Family | أُسْرَةٌ = عَائِلَةٌ |
| Famous | مَشْهُورٌ |
| Farmer | فَلَّاحٌ |
| Fat | سَمِينٌ |
| Father | أَبٌ = وَالِدٌ |
| File | مِلَفٌّ |
| Fine | طَيِّبٌ |
| Fridge | ثَلَّاجَةٌ |
| Friend | صَدِيقٌ |
| Friendly | أَنِيسٌ |
| From | مِنْ |
| Food | طَعَامٌ |
| Garden | حَدِيقَةٌ |
| Gift | هَدِيَّةٌ |
| Girl | بِنْتٌ = فَتَاةٌ |
| Glass | كُوبٌ = كَأْسٌ |

| | |
|---|---|
| Good | طَيِّبٌ |
| Going | ذَاهِبٌ |
| Going out | خَارِجٌ |
| Governor | حَاكِمٌ |
| Grandfather | جَدٌّ |
| Grandson | حَفِيدٌ |
| Hall | صَالَةٌ |
| Happy | سَعِيدٌ = مَسْرُورٌ |
| Hardworking | مُجْتَهِدٌ |
| He | هُوَ |
| Headmaster | مُدِيرٌ |
| Health | صِحَّةٌ |
| Heard, he | سَمِعَ (ـَـ) |
| Heavy | ثَقِيلٌ |
| Honest | صَالِحٌ |
| Hotel | فُنْدُقٌ |
| Hot | حَارٌّ |
| Horse | حِصَانٌ |
| How? | كَيْفَ ؟ |

| | |
|---|---|
| House | بَيْتٌ = مَنْزِلٌ = دَارٌ |
| Humble | مُتَوَاضِعٌ |
| Hypocrite | مُنَافِقٌ |
| Husband | زَوْجٌ |
| I | أَنَا |
| In | فِي |
| Industrious | مُجْتَهِدٌ |
| Inactive | خَامِلٌ = كَسُولٌ |
| Institute | مَعْهَدٌ |
| Inspector | مُفَتِّشٌ |
| Iraqi | عِرَاقِيٌّ |
| Island | جَزِيرَةٌ |
| Journalist | صَحَفِيٌّ |
| Juice | عَصِيرٌ |
| Jug | إِبْرِيقٌ |
| Just | عَادِلٌ |
| Key | مِفْتَاحٌ |
| Knew, he | عَرَفَ (ـِـ) |
| Knife | سِكِّينٌ |

| | |
|---|---|
| Kuwayti | كُوَيْتِيٌّ |
| Laboratory | مُخْتَبَرٌ |
| Lady | سَيِّدَةٌ |
| Language | لُغَةٌ |
| Laughing | ضَاحِكٌ |
| Lecturer | مُحَاضِرٌ |
| Lesson | دَرَسَ (ـُـ) |
| Letter | رِسَالَةٌ = خِطَابٌ |
| Library | مَكْتَبَةٌ |
| Libyan | لِيبِيٌّ |
| Light | خَفِيفٌ |
| Listener | مُسْتَمِعٌ |
| Lived, he | سَكَنَ (ـُـ) |
| Looked, he | نَظَرَ (ـُـ) |
| Magazine | مَجَلَّةٌ |
| Man | رَجُلٌ |
| Many | كَثِيرٌ |
| Map | خَرِيطَةٌ |
| Market | سُوقٌ |
| Married man | مُتَزَوِّجٌ |
| Merchant | تَاجِرٌ |
| Messenger | رَسُولٌ |
| Milk | لَبَنٌ |
| Month | شَهْرٌ |
| Mosque | مَسْجِدٌ |
| Mother | أُمٌّ = وَالِدَةٌ |
| Muslim | مُسْلِمٌ |
| Name | إِسْمٌ |
| Narrow | ضَيِّقٌ |
| New | جَدِيدٌ |
| News | خَبَرٌ |
| Newspaper | جَرِيدَةٌ |
| Neglectful | غَافِلٌ |
| Night | لَيْلَةٌ |
| Noble | كَرِيمٌ |
| Notebook | دَفْتَرٌ |
| Nurse | مُمَرِّضٌ |
| Obedient | مُطِيعٌ |

| | | | |
|---|---|---|---|
| On | عَلَى | Pupil | تِلْمِيذٌ |
| Opened, he | فَتَحَ (ـَـ) | Question | سُؤَالٌ |
| Orange | بُرْتُقَالَةٌ | Rainy | مُمْطِرٌ |
| Outstanding | فَاضِلٌ | Read, he | قَرَأَ (ـَـ) |
| Parcel | طَرْدٌ | Remembered, he | ذَكَرَ (ـُـ) |
| Park | بُسْتَانٌ | Religion | دِينٌ |
| Partner | شَرِيكٌ | Religious | مُتَدَيِّنٌ |
| Pen | قَلَمٌ | Respectful | مُحْتَرَمٌ |
| Photographer | مُصَوِّرٌ | Restaurant | مَطْعَمٌ |
| Plate | صَحْنٌ | Returned, he | رَجَعَ (ـِـ) |
| Pleasant | لَطِيفٌ | Returning | رَاجِعٌ |
| Poet | شَاعِرٌ | Rich | غَنِيٌّ |
| Polite | مُهَذَّبٌ | Ring | خَاتِمٌ |
| Polytheist | مُشْرِكٌ | River | نَهْرٌ |
| Poor | فَقِيرٌ | Rode, he | رَكِبَ (ـَـ) |
| Pot | قِدْرٌ | Room | غُرْفَةٌ = حُجْرَةٌ = قَاعَةٌ |
| Present | حَاضِرٌ = مَوْجُودٌ | Rubber | مِمْسَحَةٌ |
| Profession | مِهْنَةٌ | Ruler | مِسْطَرَةٌ |
| Professor | أُسْتَاذٌ | Sad | حَزِينٌ |

| | |
|---|---|
| Sat | جَلَسَ (ـِ) |
| School | مَدْرَسَةٌ |
| Standing | قَائِمٌ = وَاقِفٌ |
| Saudi | سَعُودِيٌّ |
| Servant | خَادِمٌ |
| Servant (slave) | عَبْدٌ |
| She | هِيَ |
| Shelf | رَفٌّ |
| Shirt | قَمِيصٌ |
| Short | قَصِيرٌ |
| Shop | دُكَّانٌ |
| Sick | مَرِيضٌ |
| Sister | أُخْتٌ |
| Sincere | مُخْلِصٌ |
| Sitting | جَالِسٌ |
| Skirt | تَنُّورَةٌ |
| Skilful | مَاهِرٌ |
| Sleeping | نَائِمٌ |
| Small | صَغِيرٌ |

| | |
|---|---|
| Smiling | مُبْتَسِمٌ |
| Son | اِبْنٌ |
| Sound | سَلِيمٌ |
| South African | جَنُوبُ اِفْرِيقِيٌّ |
| Speaker | مُتَكَلِّمٌ |
| Spoon | مِلْعَقَةٌ |
| Station | مَحَطَّةٌ |
| Stingy | بَخِيلٌ |
| Street | شَارِعٌ |
| Strong | قَوِيٌّ |
| Student | طَالِبٌ |
| Studied, he | دَرَسَ (ـُ) |
| Subject | فَاعِلٌ / مُبْتَدَأٌ |
| Succeeded, he | نَجَحَ (ـَ) |
| Successful | نَاجِحٌ |
| Table | طَاوِلَةٌ = مَائِدَةٌ = مِنْضَدَةٌ |
| Tailor | خَيَّاطٌ |
| Tall | طَوِيلٌ |
| Teacher | مُدَرِّسٌ = مُعَلِّمٌ |

| | |
|---|---|
| Tea | شَايٌ |
| Test | إِخْتِبَارٌ |
| Thanked, he | شَكَرَ (ـُـ) |
| Thankful | شَاكِرٌ |
| That | ذٰلِكَ / تِلْكَ |
| Then | ثُمَّ |
| They (masc./fem.) | هُمْ / هُنَّ |
| Thin | نَحِيفٌ |
| This (masc./fem.) | هٰذَا / هٰذِهِ |
| To | إِلَى |
| Took, he | أَخَذَ (ـُـ) |
| Towards | إِلَى |
| Translator | مُتَرْجِمٌ |
| Traveller | مُسَافِرٌ |
| Truthful | صَادِقٌ |
| Tunisian | تُونُسِيٌّ |
| Ugly | قَبِيحٌ |
| Understanding | فَاهِمٌ |
| Understood, he | فَهِمَ (ـَـ) |
| University | جَامِعَةٌ |
| Uncle (paternal) | عَمٌّ |
| Uncle (maternal) | خَالٌ |
| Useful | مُفِيدٌ = نَافِعٌ |
| Village | قَرْيَةٌ |
| Voice | صَوْتٌ |
| Wall | جِدَارٌ |
| Waiting | مُنْتَظِرٌ |
| Watch | سَاعَةٌ |
| Watermelon | بَطِّيخٌ |
| Weak | ضَعِيفٌ |
| Well | خَيْرٌ = بِخَيْرٍ |
| Well-mannered' | مُؤَدَّبٌ |
| Went, he | ذَهَبَ (ـَـ) |
| Went out, he | خَرَجَ (ـُـ) |
| When? | مَتَى ؟ |
| Why? | لِمَاذَا ؟ |
| Who? | مَنْ ؟ |
| Wide | وَاسِعٌ |

| | | | |
|---|---|---|---|
| Window | نَافِذَةٌ = شُبَّاكٌ | Writer | كَاتِبٌ |
| Wife | زَوْجَةٌ | Year | عَامٌ = سَنَةٌ |
| Woman | اِمْرَأَةٌ | You (masc.) | أَنْتَ |
| Word | كَلِمَةٌ | You (fem.) | أَنْتِ |
| Worker | عَامِلٌ | | |

# Proper Names

| | | | |
|---|---|---|---|
| Allah | اَللّٰهُ | Ka'ba | اَلْكَعْبَةُ |
| Qur'an | اَلْقُرْآنُ | Islam | اَلْإِسْلَامُ . |

## أَسْمَاءُ الْأَشْخَاصِ

## Names of Persons

| | |
|---|---|
| 'Abdullah | عَبْدُ اللّٰهِ |
| 'Ali | عَلِيٌّ |
| Dawud | دَاوُدُ |
| Farid | فَرِيدٌ |
| Fatimah | فَاطِمَةُ |
| Halima | حَلِيمَةُ |
| Harun | هَارُونُ |
| Hasan | حَسَنٌ |
| Ibrahim | إِبْرَاهِيمُ |
| Ishaq | إِسْحَاقُ |
| Imtiyaz | إِمْتِيَازُ |
| Ismail | إِسْمَاعِيلُ |

## أَسْمَاءُ الْأَمَاكِنِ

## Names of Places

| | |
|---|---|
| America | أَمْرِيكَا |
| Cairo | اَلْقَاهِرَةُ |
| Cape of Good Hope | رَأْسُ الرَّجَاءِ الصَّالِحِ |
| Durban | دَرْبَنْ |
| The East | اَلشَّرْقُ |
| Egypt | مِصْرُ |
| India | اَلْهِنْدُ |
| Iran | إِيرَانُ |
| Iraq | اَلْعِرَاقُ |
| Jeddah | جِدَّةُ |
| Libya | لِيبِيَا |
| London | لَنْدَنْ |

| | |
|---|---|
| Khadija | خَدِيجَةُ |
| Khayrun Nisa | خَيْرُ النِّسَاءِ |
| Kulthum | كُلْثُومُ |
| Madiha | مَدِيحَةُ |
| Maryam | مَرْيَمُ |
| Muhammad | مُحَمَّدٌ |
| Salman | سَلْمَانُ |
| Sulayman | سُلَيْمَانُ |
| Yasin | يَاسِينُ |
| Yusuf | يُوسُفُ |
| Zahida | زَاهِدَةُ |
| Zaynab | زَيْنَبُ |

| | |
|---|---|
| Mecca | مَكَّةُ الْمُكَرَّمَةُ |
| Medina | اَلْمَدِينَةُ الْمُنَوَّرَةُ |
| Morocco | اَلْمَغْرِبُ |
| North Africa | شَمَالُ اِفْرِيقِيَّا |
| Pakistan | بَاكِسْتَانُ |
| Riyadh | اَلرِّيَاضُ |
| South Africa | جُنُوبُ اَفْرِيقِيَّا |
| Saudi Arabia | اَلْمَمْلَكَةُ السَّعُوْدِيَّةُ |
| Sudan | اَلسُّودَانُ |
| Syria | اَلشَّامُ |
| Tunisia | تُونِسُ |
| The Middle East | اَلشَّرْقُ الْأَوْسَطُ |

## Names of the Months

## أَسْمَاءُ الشُّهُوْرِ

| اَلشُّهُورُ الْمِيلَادِيَّةُ | | اَلشُّهُورُ الْهِجْرِيَّةُ | |
|---|---|---|---|
| **Christian Months** | | **Muslim Months** | |
| January | يَنَايِرْ | Muharram | مُحَرَّمٌ |
| February | فِبْرَايِرْ | Safar | صَفَرٌ |
| March | مَارِسْ | Rabi'al-Awwal | رَبِيعُ الْأَوَّلُ |
| April | أَبْرِيلْ | Rabi'al-Thani | رَبِيعُ الثَّانِي |
| May | مَايُو | Jumada al Ula | جُمَادَى الْأُولَى |
| June | يُونِيُو | Jumada al Akhira | جُمَادَى الْآخِرَةُ |
| July | يُولِيُو | Rajab | رَجَبٌ |
| August | أَغُسْطُسْ | Sha'ban | شَعْبَانُ |
| September | سِبْتَمْبَرْ | Ramadan | رَمَضَانُ |
| October | اَكْتُوبَرْ | Shawwal | شَوَّالٌ |
| November | نُوفَمْبَرْ | Dhu al Qa'da | ذُو اَلْقِعْدَةِ |
| December | دِيسَمْبَرْ | Dhu al Hijja | ذُو اَلْحِجَّةِ |

## Names of the Days

## أَسْمَاءُ الأَيَّامِ

| | |
|---|---|
| Sunday | يَوْمُ الْأَحَدِ |
| Monday | يَوْمُ الْأَثْنَيْنِ |
| Tuesday | يَوْمُ الثُّلَاثَاءِ |
| Wednesday | يَوْمُ الْأَرْبِعَاءِ |
| Thursday | يَوْمُ الْخَمِيسِ |
| Friday | يَوْمُ الْجُمُعَةِ |
| Saturday | يَوْمُ السَّبْتِ |

## Names of the Festivals

## أَسْمَاءُ الأَعْيَادِ

| | |
|---|---|
| 'Idul-Fitr | عِيدُ الْفِطْرِ |
| 'Idul Adha | عِيدُ الْأَضْحَى |
| Beginning of the year | رَأْسُ السَّنَةِ |
| Birthday of the Prophet | اَلْمَوْلِدُ النَّبَوِيُّ |

# Numbers

## Cardinal Numbers

اَلْعَدَدُ

| One | ١ | وَاحِدٌ |
| Two | ٢ | إِثْنَانِ |
| Three | ٣ | ثَلَاثَةٌ |
| Four | ٤ | أَرْبَعَةٌ |
| Five | ٥ | خَمْسَةٌ |
| Six | ٦ | سِتَّةٌ |
| Seven | ٧ | سَبْعَةٌ |
| Eight | ٨ | ثَمَانِيَةٌ |
| Nine | ٩ | تِسْعَةٌ |
| Ten | ١٠ | عَشَرَةٌ |
| Eleven | ١١ | أَحَدَ عَشَرَ |
| Twelve | ١٢ | إِثْنَا عَشَرَ |
| Thirteen | ١٣ | ثَلَاثَةَ عَشَرَ |
| Fourteen | ١٤ | أَرْبَعَةَ عَشَرَ |
| Fifteen | ١٥ | خَمْسَةَ عَشَرَ |
| Sixteen | ١٦ | سِتَّةَ عَشَرَ |

| Seventeen | ١٧ | سَبْعَةَ عَشَرَ |
| Eighteen | ١٨ | ثَمَانِيَةَ عَشَرَ |
| Nineteen | ١٩ | تِسْعَةَ عَشَرَ |
| Twenty | ٢٠ | عِشْرُونَ |
| Hundred | ١٠٠ | مِئَةٌ |
| Thousand | ١٠٠٠ | أَلْفٌ |

## Ordinal Numbers

| The Sixth | اَلسَّادِسُ | The First | اَلْأَوَّلُ / اَلْأُوْلَى |
| The Seventh | اَلسَّابِعُ | The Second | اَلثَّانِي / اَلثَّانِيَةُ |
| The Eighth | اَلثَّامِنُ | The Third | اَلثَّالِثُ |
| The Ninth | اَلتَّاسِعُ | The Fouth | اَلرَّابِعُ |
| The Tenth | اَلْعَاشِرُ | The Fifth | اَلْخَامِسُ |

# Recommended References

مُرَاجِعٌ مُقْتَرَحَةٌ

1. Adul-Rauf, M.
   Arabic for English speaking students.
   Shorouk International.
   1977 reprint.

2. Cowan, D.
   Modern Literary Arabic.
   Cambridge University Press.
   1974 New Ed.

3. Hashim, A.
   Arabic Made Easy.
   Shaykh Muhammad Ashraf.
   1969 reprint.

4. Kapliwatzky, J.
   Arabic Language and Grammar (4 vols.)
   Rubin Mass.
   1979 reprint.

5. Mc Carus, E.et/al
   Elementary Modern Standard Arabic (2 vols.)
   Cambridge University Press.
   1983 reprint.

6. Nahmad, H.M. and Haywood, J.A.
   A New Arabic Grammar.
   Lund Humpries.
   1965 reprint.

7. Nadwi, A.A.
   Learn the Language of the Qur'an.
   Dar Al Shorouq.
   1979.

8. Siddiqi, A.H.
   Arabic for Beginners.
   Kazi Publications.
   1979.